Smaakvolle Verleidingen
Een Italiaans Kookavontuur

Marco Bianchi

INHOUD

gefrituurde ajuinen 9

Ui met balsamicoazijn 11

Jam Met Rode Ui 12

Salade van gebakken uien en bieten 14

Pareluitjes met honing en sinaasappel 16

Erwten met ui 18

Erwten met prosciutto en groene ui 19

Erwten met salade en munt 21

Paaserwtensalade 23

Gebakken paprika's 25

Gegrilde paprikasalade 27

Gebakken paprika met ui en kruiden 28

Gebakken paprika met tomaten 30

Paprika's in balsamicoazijn 32

Gemarineerde peper 34

Amandel pepers 36

Paprika's met tomaten en uien 38

Gevulde paprika's 40

Napolitaanse gevulde paprika's 42

Gevulde paprika's in Ada Boni-stijl ... 45

Gebakken paprika's ... 47

Gebakken paprika met courgette en munt ... 49

Aubergineterrine en geroosterde paprika ... 51

Zoetzure aardappelen ... 54

Aardappelen met balsamicoazijn ... 56

Venetiaanse frietjes ... 58

Gefrituurde aardappelen" ... 60

Peper- en aardappelsaus ... 62

Aardappelpuree met peterselie en knoflook ... 64

Kruidaardappelen met Pancetta ... 66

Aardappelen met tomaten en uien ... 68

Gebakken aardappelen met knoflook en rozemarijn ... 70

Gebakken aardappelen met champignons ... 72

Aardappelen en bloemkool in Basilicata-stijl ... 74

Aardappelen en kool in een pan ... 76

Aardappel- en spinaziecake ... 78

Napolitaanse aardappelkroketten ... 81

Papa's Napolitaanse aardappelpannenkoek ... 84

Pantomaten ... 87

Gestoomde tomaten ... 89

Gebakken tomaten ... 90

Gevulde Farro-tomaten 92

Gevulde tomaten op Romeinse wijze 94

Gebakken tomaten met balsamicoazijn 96

Carpaccio van Courgette 98

Courgette met knoflook en munt 100

Gebakken courgette 102

Courgette Met Prosciutto 104

Courgette met Parmabroodkruim 106

Courgette ovenschotel 108

Courgette met tomaten en ansjovis 110

Courgette goulash 112

Courgette gevuld met tonijn 114

Gebakken courgette 117

Stukjes courgette 119

Zoetzure winterpompoen 121

Gegrilde groentes 124

Gebakken winterwortels 126

Zomerse groentestoofpot 128

Gelaagde Groentestoofpot 131

Zelfgemaakt brood 136

kruiden brood 138

Kaasbrood in Marche-stijl 141

Gouden maïsbroodjes 144

Zwart olijvenbrood 147

Stromboli-brood 150

Pindakaas Brood 153

Tomaten rolletjes 156

rustieke brioche 159

Een muziekpapierbrood uit Sardinië 162

Brood met rode ui 165

Witte wijnbrood 168

Brood met zongedroogde tomaten 171

Romeins aardappelbrood 174

Toastbrood uit de regio Emilia-Romagna 177

broodstengels 180

Venkel ringen 183

Amandel- en zwarte peperringen 186

Zelfgemaakte pizza 189

Napolitaans pizzadeeg 192

Pizza met mozzarella, tomaat en basilicum 195

Pizza met tomaten, knoflook en oregano 197

Pizza Met Wilde Champignons 199

Calzoni 202

Ansjovis pannenkoekjes 205

Verkoop van tomaten en kaas 208

paascake 210

gefrituurde ajuinen

Cipolle al Forno

Recept voor 4-8 porties

Deze uien worden zacht en zoet als ze worden gekookt; probeer ze eens met geroosterd vlees.

4 middelgrote witte of rode uien, gepeld

½ kopje gewone droge broodkruimels

¼ kopje vers geraspte Parmigiano-Reggiano of Pecorino Romano-kaas

2 eetlepels olijfolie

Zout en versgemalen zwarte peper

1. Breng een middelgrote pan water aan de kook. Voeg de ui toe en zet het vuur lager totdat het water net kookt. Kook gedurende 5 minuten. Laat de ui afkoelen in de pan met water. Giet de uien af en snijd ze in de lengte doormidden.

2. Plaats het rek in het midden van de oven. Verwarm de oven voor op 350 ° F. Vet een ovenschaal in die groot genoeg is om de uien in een enkele laag te houden. Leg de ui in de pan, met de snijkant

naar boven. Meng in een kleine kom broodkruim, kaas, olijfolie en zout en peper naar smaak. Doe het paneermeel op de ui.

3.Bak gedurende 1 uur of tot de ui goudbruin en zacht is als je er met een mes in prikt. Serveer warm of op kamertemperatuur.

Ui met balsamicoazijn

Cipolle met balsamicoazijn

Maakt 6 porties

Balsamicoazijn complementeert de zoete smaak en kleur van rode uien. Ze passen goed bij geroosterd varkensvlees of karbonades.

6 middelgrote rode uien

6 eetlepels extra vergine olijfolie

3 eetlepels balsamicoazijn

Zout en versgemalen zwarte peper

1. Plaats het rek in het midden van de oven. Verwarm de oven voor op 375 ° F. Bekleed een ovenschaal met aluminiumfolie.

2. Was de ui, maar schil hem niet. Doe de ui in de voorbereide schaal. Kook de ui 1 tot 1,5 uur, tot ze zacht zijn als je er met een mes in prikt.

3. Snijd de wortels van de ui af en verwijder de schil. Snij de uien in vieren en doe ze in een kom. Voeg olie, azijn, zout en peper naar smaak toe en meng. Serveer warm of op kamertemperatuur.

Jam Met Rode Ui

Confettura van Cipolle Rosse

Maakt ongeveer 1 pint

Tropea, gelegen aan de kust van Calabrië, staat bekend om zijn zoete rode uien. Hoewel rode uien in de VS pittiger zijn, kun je nog steeds deze heerlijke jam maken die we aten bij Locanda di Alia in Castrovillari. De jam werd geserveerd met goudgebakken sardines, maar past ook goed bij karbonades of gegrilde kip. Ik vind het ook lekker als smaakmaker voor sterke kaas zoals belegen pecorino.

De jamvariant heeft gehakte verse munt. Zorg ervoor dat u een pan met een dikke bodem gebruikt en het vuur zeer laag houdt om te voorkomen dat de uien blijven plakken. Voeg wat water toe als ze te snel drogen.

11/4 kilogram rode ui, zeer fijn gesneden

1 glas droge rode wijn

1 theelepel zout

2 eetlepels ongezouten boter

1 eetlepel balsamicoazijn

1 of 2 eetlepels honing

Ongeveer 1 eetlepel suiker

1. Meng de ui, rode wijn en zout in een middelgrote pan op middelhoog vuur. Breng aan de kook en zet het vuur laag. Dek af en kook, onder regelmatig roeren, gedurende 1 uur en 15 minuten of tot de ui heel zacht is. De ui wordt licht doorschijnend.

2. Meng boter, balsamicoazijn, 1 eetlepel honing en suiker. Laat het afgedekt sudderen, onder regelmatig roeren, totdat alle vloeistof verdampt is en het mengsel erg dik is.

3. Laat het afkoelen. Serveer op kamertemperatuur of licht warm. Dit blijft maximaal een maand in de koelkast houdbaar. Verwarm het opnieuw door het in een kleine kom op een pan met kokend water te plaatsen, of verwarm het in de magnetron.

Salade van gebakken uien en bieten

Insalata di Cipolla en Barbabietola

Maakt 6 porties

Als je nog nooit verse bieten hebt gegeten tijdens het seizoen, moet je ze eens proberen. Als ze jong en mals zijn, zijn ze uitzonderlijk zoet en smakelijk. Koop ze in de zomer en herfst, wanneer ze op hun mooist zijn. Naarmate ze ouder worden, worden ze houtachtig en smaakloos.

6 bieten, in plakjes gesneden en geschild

2 grote uien, gepeld

6 eetlepels olijfolie

2 eetlepels rode wijnazijn

Zout en versgemalen zwarte peper

6 blaadjes verse basilicum

1. Plaats het rek in het midden van de oven. Verwarm de oven voor op 400 ° F. Boen de bieten en wikkel ze in een groot stuk folie en sluit ze goed af. Plaats het pakket op een bakplaat.

2. Snij de ui in hapklare stukjes. Leg ze in een ovenvaste schaal en besprenkel met 2 eetlepels olijfolie.

3. Zet het bosje bieten en de pan met uien naast elkaar in de oven. Bak gedurende 1 uur of tot de bieten gaar zijn als je er met een mes in prikt en de ui goudbruin is.

4. Laat de bieten afkoelen. Schil de schil en snijd de bieten in plakjes.

5. Meng de bieten en de ui in een grote kom met ¼ kopje olijfolie, azijn en zout en peper naar smaak. Bestrooi met basilicum en serveer onmiddellijk.

Pareluitjes met honing en sinaasappel

Cipolline Profumate all'Arancia

Maakt 8 porties

Zoetzure pareluitjes gekruid met honing, sinaasappel en azijn passen goed bij vakantiekalkoen of kapoen, geroosterd varkensvlees of als aperitief met plakjes salumi. Ze kunnen van tevoren worden bereid, maar moeten vóór het serveren grondig worden verwarmd.

2 kilo parelui

1 oranje stamper

2 eetlepels ongezouten boter

¼ kopje honing

¼ kopje witte azijn

Zout en versgemalen zwarte peper

1. Breng een grote pan water aan de kook. Voeg de ui toe en bak 3 minuten. Giet ze af en koel ze af onder stromend water. Scheer de uiteinden van de wortels met scherpe snoeischaren. Snij de uiteinden niet te diep, anders valt de ui uit elkaar tijdens het koken. Verwijder de nagelriemen.

2. Verwijder de schil van de sinaasappel met een dunschiller met roterend mes. Schik de plakjes schil en snijd ze in dunne staafjes. Pers het sap uit de sinaasappel. Zet het opzij.

3. Smelt de boter in een grote koekenpan op middelhoog vuur. Voeg de ui toe en bak 30 minuten of tot hij lichtbruin is. Schud af en toe met de pan om te voorkomen dat ze aanbranden.

4. Voeg sinaasappelsap, schil, honing, azijn en zout en peper naar smaak toe. Zet het vuur lager en kook de ui gedurende 10 minuten, onder regelmatig keren, tot de ui zacht is wanneer u deze met een mes doorprikt en bedekt met de saus. Laat het afkoelen. Heet opdienen.

Erwten met ui

Piselli met Cipo

Maakt 4 porties

Door een kleine hoeveelheid water aan de pan toe te voegen, worden de uien zachter en zachter zonder bruin te worden. De zoetheid van de ui versterkt de smaak van de erwten.

2 eetlepels olijfolie

1 middelgrote ui, gehakt

4 eetlepels water

2 kopjes verse spliterwten of 1 pakje (10 ounces) diepvrieserwten

Een snufje gedroogde oregano

Zout

1. Giet de olie in een middelgrote pan. Voeg de ui en 2 eetlepels water toe. Kook, onder regelmatig roeren, tot de ui heel zacht is, ongeveer 15 minuten.

2. Voeg erwten toe, resterende 2 eetlepels water, oregano en zout. Dek af en kook tot de erwten gaar zijn, 5 tot 10 minuten.

Erwten met prosciutto en groene ui

Piselli met prosciutto

Maakt 4 porties

Deze erwten passen goed bij lamskoteletjes of geroosterd lamsvlees.

3 eetlepels ongezouten boter

4 groene uien, bijgesneden en in dunne plakjes gesneden

2 kopjes verse spliterwten of 1 pakje (10 ounces) diepvrieserwten

1 theelepel suiker

Zout

4 dunne plakjes geïmporteerde Italiaanse prosciutto, kruislings in dunne reepjes gesneden

1. Smelt 2 eetlepels boter in een middelgrote pan. Voeg de groene ui toe en bak 1 minuut.

2. Voeg erwten, suiker en zout naar smaak toe. Meng 2 eetlepels water en dek de pan af. Kook op laag vuur tot de erwten gaar zijn, 5-10 minuten.

3. Roer de prosciutto en de resterende eetlepel boter erdoor. Laat nog een minuut koken en serveer warm.

Erwten met salade en munt

Piselli bij Menta

Maakt 4 porties

Zelfs bevroren erwten smaken vers geplukt als ze op deze manier worden bereid. Sla voegt knapperigheid toe en munt voegt een frisse, frisse smaak toe.

2 eetlepels ongezouten boter

¼ kopje ui, zeer fijngehakt

2 kopjes verse spliterwten of 1 pakje (10 ounces) diepvrieserwten

1 kopje gehakte sla

12 muntblaadjes, in stukjes gescheurd

Zout en versgemalen zwarte peper

1. Smelt de boter in een middelgrote pan op middelhoog vuur. Voeg de ui toe en kook tot hij zacht en goudbruin is, ongeveer 10 minuten.

2. Voeg erwten, sla, muntblaadjes en zout en peper naar smaak toe. Meng 2 eetlepels water en dek de pan af. Kook 5 tot 10 minuten of tot de erwten gaar zijn. Heet opdienen.

Paaserwtensalade

Paassalade

Maakt 4 porties

In de jaren vijftig werd Romeo Salta beschouwd als een van de beste Italiaanse restaurants in New York. Het viel op omdat het erg elegant was en de Noord-Italiaanse keuken serveerde in een tijd dat de meeste mensen alleen familierestaurants kenden die gerechten met zuidelijke rode saus serveerden. De eigenaar, Romeo Salta, leerde het restaurantvak tijdens zijn werk op luxe cruiseschepen - destijds het beste oefenterrein voor restaurantpersoneel. Deze salade verscheen rond Pasen op het menu, toen er volop verse erwten waren. Het originele recept bevatte ook ansjovis, hoewel ik de voorkeur geef aan de salade zonder deze. Soms voeg ik gehakte Zwitserse kaas of iets dergelijks toe aan de prosciutto.

2 1/2 kopjes verse spliterwten of 1 pakje (10 ounces) diepvrieserwten

Zout

1 hardgekookt eigeel

1/4 kopje olijfolie

1/4 dl citroensap

Vers gemalen zwarte peper

2 ons gesneden geïmporteerde Italiaanse prosciutto, kruislings in dunne reepjes gesneden

1. Breng voor verse of bevroren erwten een middelgrote pan water aan de kook. Voeg erwten en zout naar smaak toe. Kook tot de erwten gaar zijn, ongeveer 3 minuten. Giet de erwten af. Koel ze af onder koud stromend water. Veeg de erwten schoon.

2. Pureer de dooier in een kom met een vork. Meng met olie, citroensap, zout en peper naar smaak. Voeg erwten toe en meng voorzichtig. Voeg prosciuttoreepjes toe en serveer onmiddellijk.

Gebakken paprika's

Pepperoni Arrosti

Maakt 8 porties

Geroosterde paprika's passen goed bij salades, omeletten en sandwiches. Ze zijn ook goed in te vriezen, dus je kunt er in de zomer een batch van maken als er veel paprika's zijn en ze bewaren voor de wintermaaltijden.

8 grote rode, gele of groene paprika's

1. Bedek de braadpan met aluminiumfolie. Plaats de grillpan ongeveer 7,5 cm van de warmtebron. Doe alle paprika's in de pan. Zet de grill op hoog vuur. Rooster de paprika's, waarbij u ze regelmatig met een tang omdraait, gedurende ongeveer 15 minuten, of tot de schil blaren vertoont en verkoold is. Doe de paprika's in een kom. Dek af met aluminiumfolie en laat afkoelen.

2. Snijd de paprika's doormidden en zeef het sap in een kom. Schil de schillen en verwijder de zaden en stengels.

3. Snijd de paprika's in de lengte in reepjes van 1 inch en doe ze in een serveerschaal. Zeef het sap over de paprika's.

4. Serveer op kamertemperatuur of bewaar in de koelkast en serveer gekoeld. In de koelkast zijn de paprika's 3 dagen houdbaar of in de vriezer 3 maanden.

Gegrilde paprikasalade

Insalata di Peperoni Arrostiti

Maakt 8 porties

Serveer deze paprika's als onderdeel van een antipastiset, als begeleider van gegrilde tonijn of varkensvlees, of als antipasto met plakjes verse mozzarella.

1 recept (8 paprika's)Gebakken paprika's

⅓ kopjes extra vergine olijfolie

4 gescheurde basilicumblaadjes

2 teentjes knoflook, fijngehakt

Zout en versgemalen zwarte peper

> Bereid indien nodig de paprika's voor. Meng de paprika's met olijfolie, basilicum, knoflook en peper en zout naar smaak. Zet 1 uur weg voordat u het serveert.

Gebakken paprika met ui en kruiden

Pepperoni Arrostiti en Cipolle

Maakt 4 porties

Serveer de paprika's warm of op kamertemperatuur. Ze vormen ook een goede aanvulling op crostini.

½ van het receptGebakken paprika's; gebruik rode of gele paprika

1 middelgrote ui, gehalveerd en in dunne plakjes gesneden

Een snufje gemalen rode peper

2 eetlepels olijfolie

Zout

½ theelepel gedroogde oregano, geplet

2 eetlepels gehakte verse peterselie

1. Bereid de paprika's indien nodig volgens stap 3. Laat de paprika's uitlekken en snijd ze in de lengte in reepjes van 1/2 inch.

2. Bak de ui in de olie met gemalen rode peper op middelhoog vuur tot de ui zacht en goudbruin is, ongeveer 10 minuten. Voeg paprika, oregano en zout naar smaak toe. Kook, af en toe roerend, tot het gaar is, ongeveer 5 minuten. Roer de peterselie erdoor en kook nog een minuut. Serveer warm of op kamertemperatuur.

Gebakken paprika met tomaten

Pepperoni al Forno

Maakt 4 porties

In dit recept uit Abruzzo kruiden verse en niet te hete chilipepers de paprika's. Je kunt gemalen rode peper of kleine gedroogde chilipepers vervangen. Deze paprika's zijn perfect voor op sandwiches.

2 grote rode paprika's

2 grote gele paprika's

1 paprika, zoals jalapeño, zonder zaadjes en fijngehakt

3 eetlepels olijfolie

Zout

2 teentjes knoflook, gehakt

2 middelgrote tomaten, geschild, zonder zaadjes en in stukjes gesneden

1. Plaats het rek in het midden van de oven. Verwarm de oven voor op 400 ° F. Vet een grote ovenschaal in. Leg de paprika's op een snijplank. Houd de steel in één hand en plaats de snede van een

groot, zwaar koksmes achter de rand van het opzetstuk. Snijd recht naar beneden. Draai de paprika 90° en snijd hem vervolgens recht naar beneden. Herhaal dit, draai om en knip de resterende twee zijden uit. Gooi de pit, zaden en stengel weg die in één stuk zitten. Snijd alle vliezen af en schraap de zaden eruit.

2. Snijd de paprika's in de lengte in reepjes van 1 inch. Voeg peper toe aan de pan. Voeg olie en zout naar smaak toe en meng goed. Verdeel de paprika's over een bord.

3. Bak de paprika's gedurende 25 minuten. Voeg knoflook en tomaten toe en meng goed. Kook nog eens 20 minuten of tot de paprika's zacht zijn als je er met een mes in prikt. Heet opdienen.

Paprika's in balsamicoazijn

Balsamico pepers

Maakt 6 porties

De zoetheid van de balsamicoazijn complementeert de zoetheid van de paprika's. Serveer warm met varkens- of lamskoteletjes of op kamertemperatuur met koude kip of gebraden varkensvlees.

6 grote rode paprika's

¼ kopje olijfolie

Zout en versgemalen zwarte peper

2 eetlepels balsamicoazijn

1. Plaats het rek in het midden van de oven. Verwarm de oven voor op 400 ° F. Plaats de paprika's op een snijplank. Houd de steel in één hand en plaats de snede van een groot, zwaar koksmes achter de rand van het opzetstuk. Snijd recht naar beneden. Draai de paprika 90° en snijd hem vervolgens recht naar beneden. Herhaal dit, draai om en knip de resterende twee zijden uit. Gooi de pit, zaden en stengel weg die in één stuk zitten. Snijd alle vliezen af en schraap de zaden eruit.

2. Snij de paprika in reepjes van 1 cm. Doe ze in een grote, ondiepe pan met olie, zout en peper. Gooi goed. Bak de paprika's gedurende 30 minuten.

3. Meng de azijn. Bak de paprika's nog eens 20 minuten of tot ze gaar zijn. Serveer warm of op kamertemperatuur.

Gemarineerde peper

Pepperoni Sott'Aceto

Maakt 2 pinten

Kleurrijke paprika's omhuld met azijn zijn heerlijk op een broodje of bij vleeswaren. Je kunt ze gebruiken om te makenMolise pepersaus.

2 grote rode paprika's

2 grote gele paprika's

Zout

2 kopjes witte azijn

2 kopjes water

Een snufje gemalen rode peper

1. Leg de paprika's op een snijplank. Houd de steel in één hand en plaats de snede van een groot, zwaar koksmes achter de rand van het opzetstuk. Snijd recht naar beneden. Draai de paprika 90° en snijd hem vervolgens recht naar beneden. Herhaal dit, draai om en knip de resterende twee zijden uit. Gooi de pit, zaden en stengel weg die in één stuk zitten. Snijd alle vliezen af en schraap de zaden eruit. Snijd de paprika's in de lengte in

reepjes van 1 inch. Doe de paprika's in een vergiet op een bord en strooi er zout over. Zet 1 uur weg om uit te lekken.

2. Meng de azijn, het water en de gemalen rode peper in een niet-reactieve pan. Aan de kook brengen. Haal van het vuur en laat iets afkoelen.

3. Spoel de paprika's af onder koud water en droog ze. Verpak de paprika's in 2 gesteriliseerde potten. Giet het afgekoelde azijnmengsel erover en sluit af. Zet het 1 week op een koele, donkere plaats weg voordat u het gebruikt.

Amandel pepers

Mandorla Pepperoni

Maakt 4 porties

Een oude vriendin van mijn moeder, wiens familie afkomstig was van Ischia, een klein eiland in de baai van Napels, gaf haar dit recept. Hij serveerde het graag als avondeten op Italiaans brood, goudbruin gebakken in olijfolie.

2 rode en 2 gele paprika's

1 teentje knoflook, licht geplet

3 eetlepels olijfolie

2 middelgrote tomaten, geschild, zonder zaadjes en in stukjes gesneden

¼ glas water

2 eetlepels kappertjes

4 ansjovisfilets, gehakt

4 ons geroosterde amandelen, grof gehakt

1. Leg de paprika's op een snijplank. Houd de steel in één hand en plaats de snede van een groot, zwaar koksmes achter de rand van het opzetstuk. Snijd recht naar beneden. Draai de paprika 90° en snijd hem vervolgens recht naar beneden. Herhaal dit, draai om en knip de resterende twee zijden uit. Gooi de pit, zaden en stengel weg die in één stuk zitten. Snijd alle vliezen af en schraap de zaden eruit.

2. Fruit de knoflook in een grote pan met olie op middelhoog vuur en druk deze een of twee keer aan met de achterkant van een lepel. Zodra het lichtbruin is, ongeveer 4 minuten, voeg je de knoflook toe.

3. Voeg de paprika's toe aan de pan. Kook, onder regelmatig roeren, tot ze zacht zijn, ongeveer 15 minuten.

4. Voeg tomaten en water toe. Kook tot de saus dikker wordt, ongeveer 15 minuten langer.

5. Meng kappertjes, ansjovis en amandelen. Probeer het zout. Kook nog 2 minuten. Laat iets afkoelen voordat u het serveert.

Paprika's met tomaten en uien

peperonata

Maakt 4 porties

Elke regio lijkt zijn eigen versie van peperonata te hebben. Sommige mensen voegen kappertjes, olijven, kruiden of ansjovis toe. Serveer als bijgerecht of als saus bij gebraden varkensvlees of gegrilde vis.

4 rode of gele paprika's (of een mix)

2 middelgrote uien, in dunne plakjes gesneden

3 eetlepels olijfolie

3 grote tomaten, geschild, zonder zaadjes en grof gesneden

1 teentje knoflook, gehakt

Zout

1. Leg de paprika's op een snijplank. Houd de steel in één hand en plaats de snede van een groot, zwaar koksmes achter de rand van het opzetstuk. Snijd recht naar beneden. Draai de paprika 90° en snijd hem vervolgens recht naar beneden. Herhaal dit, draai om en knip de resterende twee zijden uit. Gooi de pit, zaden en stengel weg die in één stuk zitten. Snijd alle vliezen af en schraap de zaden eruit. Snijd de paprika's in reepjes van 1/4 inch.

2. Bak de ui in een grote koekenpan op middelhoog vuur in olijfolie tot ze zacht en goudbruin is, ongeveer 10 minuten. Voeg de paprikareepjes toe en kook nog eens 10 minuten.

3. Meng tomaten, knoflook en zout naar smaak. Dek af en kook gedurende 20 minuten, of tot de paprika's zacht zijn als je er met een mes in prikt. Als er veel vloeistof over is, open dan het deksel en kook tot de saus dikker wordt en verdampt. Serveer warm of op kamertemperatuur.

Gevulde paprika's

Pepperoni Ripieni

Recept voor 4-8 porties

Mijn oma maakte deze paprika's altijd in de zomer. 's Morgens bakte hij ze in een grote zwarte koekenpan en tegen de middag waren ze op een temperatuur die geschikt was om met sandwichbrood te serveren.

1¼ kopjes gewoon droog broodkruimels van Italiaans of Frans brood

⅓ kop vers geraspte Pecorino Romano of Parmigiano-Reggiano

¼ kopje gehakte verse peterselie

1 teentje knoflook, gehakt

Zout en versgemalen zwarte peper

Ongeveer een half kopje olijfolie

8 lichtgroene lange Italiaanse paprika's

3 kopjes gepelde, gezaaide en gehakte verse tomaten of 1 (28 ounces) geplette tomaten

6 verse basilicumblaadjes, in stukjes gescheurd

1. Meng broodkruim, kaas, peterselie, knoflook, zout en peper naar smaak in een kom. Meng er 3 eetlepels olie door, of genoeg om het broodkruim gelijkmatig te bevochtigen.

2. Snijd de uiteinden van de paprika's af en verwijder de zaadjes. Schep het paneermeelmengsel in de paprika's en laat ongeveer 2,5 cm ruimte aan de bovenkant vrij. Doe de paprika's niet te vol, want tijdens het koken zal de vulling eruit lopen.

3. Verhit in een grote koekenpan een kwart kopje olie op middelhoog vuur tot de peperkorrels in de pan sissen. Voeg de paprika's voorzichtig toe met een tang. Kook, af en toe draaiend met een tang, tot het aan alle kanten bruin is, ongeveer 20 minuten.

4. Strooi tomaten, basilicum en zout en peper naar smaak rond de paprika's. Aan de kook brengen. Dek af en kook, waarbij u de paprika's een of twee keer draait, tot ze heel zacht zijn, ongeveer 15 minuten. Als de saus te droog is, voeg dan wat water toe. Ontdek en kook tot de saus dikker wordt, nog ongeveer 5 minuten. Serveer warm of op kamertemperatuur.

Napolitaanse gevulde paprika's

Pepperoni onder Nonna

Maakt 6 porties

Terwijl de Sicilianen talloze manieren hebben om aubergines te bereiden, hebben de Napolitanen dezelfde creativiteit met paprika. Dit is weer een typisch Napolitaans recept dat mijn grootmoeder altijd maakte.

2 middelgrote aubergines (elk ongeveer 1 pond)

6 grote rode, gele of groene paprika's, in reepjes van 1/2 inch gesneden

1/2 kopjes plus 3 eetlepels olijfolie

3 middelgrote tomaten, geschild, zonder zaadjes en in stukjes gesneden

3/4 kopje ontpitte en gehakte, in olie gedroogde zoete zwarte olijven, zoals Gaeta

6 ansjovisfilets, gehakt

3 eetlepels kappertjes, afgespoeld en uitgelekt

1 groot teentje knoflook, gepeld en fijngehakt

3 eetlepels gehakte verse peterselie

Vers gemalen zwarte peper

½ kopje plus 1 eetlepel gewoon broodkruim

1. Maak de aubergines schoon en snijd ze in blokjes van 3/4 inch. Leg de stukken in lagen in een vergiet en bestrooi elke laag met zout. Plaats het vergiet op een bord en laat het 1 uur uitlekken. Spoel de aubergines af en droog ze met keukenpapier.

2. Verhit ½ kopje olie in een grote koekenpan op middelhoog vuur. Voeg de aubergine toe en kook, af en toe roerend, tot ze zacht is, ongeveer 10 minuten.

3. Meng met tomaten, olijven, ansjovis, kappertjes, knoflook, peterselie en peper naar smaak. Breng aan de kook en kook nog 5 minuten. Roer 1/2 kopje broodkruimels erdoor en haal van het vuur.

4. Plaats het rek in het midden van de oven. Verwarm de oven voor op 450 ° F. Vet een ovenschaal in die groot genoeg is om de paprika's rechtop te houden.

5. Snij de peperstengels af en verwijder de zaadjes en witte vliezen. Vul het auberginemengsel in de paprika's. Plaats de paprika's in de voorbereide pan. Strooi de resterende eetlepel paneermeel erover en besprenkel met de resterende 3 eetlepels olie.

6.Giet 1 kopje water rond de paprika's. Bak gedurende 1 uur en 15 minuten of tot de paprika's heel zacht en lichtbruin zijn. Serveer warm of op kamertemperatuur.

Gevulde paprika's in Ada Boni-stijl

Peperoni Ripieni onder leiding van Ada Boni

Recept voor 4-8 porties

Ada Boni was een beroemde Italiaanse voedselschrijver en auteur van vele kookboeken. Zijn regionale Italiaanse keuken is een klassieker en een van de eerste boeken over dit onderwerp die in het Engels zijn vertaald. Dit recept is overgenomen uit het hoofdstuk Sicilië.

4 middelgrote rode of gele paprika's

1 kop geroosterd gewoon broodkruim

4 eetlepels rozijnen

1/2 kopje gehakte ontpitte zoete zwarte olijven

6 ansjovisfilets, gehakt

2 eetlepels gehakte verse basilicum

2 eetlepels kappertjes, afgespoeld, uitgelekt en fijngehakt

1/4 kopje plus 2 eetlepels olijfolie

1 kopjeSiciliaanse tomatensaus

1. Plaats het rek in het midden van de oven. Verwarm de oven voor op 375 ° F. Vet een ovenschaal van 13 x 9 x 2 inch in.

2. Snijd de paprika's doormidden met een groot, zwaar koksmes. Snijd de stengels, zaden en witte vliezen af.

3. Meng in een grote kom broodkruimels, rozijnen, olijven, ansjovis, basilicum, kappertjes en ¼ kopje olie. Proef en breng op smaak. (Zout is waarschijnlijk niet nodig.)

4. Giet het mengsel in de paprikahelften. Giet er saus overheen. Bak gedurende 50 minuten of tot de paprika's heel zacht zijn als je er met een mes in prikt. Serveer warm of op kamertemperatuur.

Gebakken paprika's

Pepperoni-pannenkoeken

Voor 6-8 porties

Krokant en zoet, moeilijk te weerstaan. Serveer ze met een omelet of ander gekookt vlees.

4 grote rode of gele paprika's

½ kopjes bloem voor alle doeleinden

Zout

1. Leg de paprika's op een snijplank. Houd de steel in één hand en plaats de snede van een groot, zwaar koksmes achter de rand van het opzetstuk. Snijd recht naar beneden. Draai de paprika 90° en snijd hem vervolgens recht naar beneden. Herhaal dit, draai om en knip de resterende twee zijden uit. Gooi de pit, zaden en stengel weg die in één stuk zitten. Snijd alle vliezen af en schraap de zaden eruit. Snijd de paprika's in reepjes van 1/4 inch.

2. Verhit ongeveer 5 cm olie in een diepe, zware pan tot de temperatuur 375 ° F bereikt op een frituurthermometer.

3. Bekleed de bodem met papieren handdoeken. Doe de bloem in een ondiepe kom. Haal de paprikareepjes door de bloem en schud het overtollige eraf.

4. Doe een paar paprika's in de verwarmde olie. Bak tot ze goudbruin en zacht zijn, ongeveer 4 minuten. Laat uitlekken op keukenpapier. Kook de rest op dezelfde manier in batches. Bestrooi met zout en serveer onmiddellijk.

Gebakken paprika met courgette en munt

Pepperoni en courgette in een pan

Maakt 6 porties

Hoe langer het staat, hoe lekkerder het smaakt, dus bereid het vroeg in de ochtend voor een latere maaltijd.

1 rode paprika

1 gele paprika

2 eetlepels olijfolie

4 kleine courgettes, in plakjes van 1/4 inch gesneden

Zout

2 eetlepels witte azijn

2 teentjes knoflook, heel fijn gesneden

2 eetlepels gehakte verse munt

1/2 theelepel gedroogde oregano

Een snufje gemalen rode peper

1. Leg de paprika's op een snijplank. Houd de steel in één hand en plaats de snede van een groot, zwaar koksmes achter de rand van het opzetstuk. Snijd recht naar beneden. Draai de paprika 90° en snijd hem vervolgens recht naar beneden. Herhaal dit, draai om en knip de resterende twee zijden uit. Gooi de pit, zaden en stengel weg die in één stuk zitten. Snijd alle vliezen af en schraap de zaden eruit. Snij de paprika in reepjes van 1 cm.

2. Verhit de olie in een grote koekenpan op middelhoog vuur. Voeg de paprika toe en bak al roerend 10 minuten.

3. Courgette en zout naar smaak toevoegen. Kook, onder regelmatig roeren, tot de courgette gaar is, ongeveer 15 minuten.

4. Terwijl de groenten koken, meng je de azijn, knoflook, kruiden, paprika en zout naar smaak in een middelgrote kom.

5. Meng paprika en courgette. Zet opzij tot de groenten op kamertemperatuur zijn. Proef en breng op smaak.

Aubergineterrine en geroosterde paprika

Sformato di pepperoni en aubergine

Recept voor 8-12 porties

Dit is een bijzondere en mooie terrine gemaakt van gelaagde paprika, aubergine en kruiden. Het pepersap bevriest bij afkoeling lichtjes en houdt de terrine bij elkaar. Serveer als aperitiefhapje of als aanvulling op gegrilde vleesgerechten.

4 grootrode pepers, gebakken en gepeld

2 grote aubergines (elk ongeveer 1½ pond)

Zout

olijfolie

½ kopje gescheurde verse basilicumblaadjes

4 grote teentjes knoflook, geschild, zonder zaadjes en fijngehakt

¼ dl rode wijnazijn

Vers gemalen zwarte peper

1. Bereid indien nodig de paprika's voor. Snijd de aubergines in stukken en snijd ze in de lengte in plakjes van 1/4 inch. Leg de plakjes in lagen in een vergiet en strooi zout over elke laag. Laat minimaal 30 minuten rusten.

2. Verwarm de oven voor op 450 ° F. Vet twee grote jelly roll-pannen in.

3. Spoel de plakken aubergine af met koud water en dep ze droog met keukenpapier. Schik de aubergines in een enkele laag bovenop de mosselen. Bestrijk met olie. Bak de aubergines ongeveer 10 minuten tot het oppervlak lichtbruin is. Gebruik een tang om de stukken om te draaien en bak nog eens 10 minuten of tot ze zacht en lichtbruin zijn.

4. Laat de paprika's uitlekken en snijd ze in reepjes van 1 inch.

5. Bekleed een broodvorm van 8 x 4 x 3 inch met plasticfolie. Leg een laag aubergineplakken op de bodem van de schaal, elkaar enigszins overlappend. Leg de geroosterde paprika's in laagjes op de aubergine. Bestrooi met basilicum, knoflook, azijn, olie, zout en peper naar smaak. Ga door met het aanbrengen van laagjes en druk elke laag stevig aan totdat alle ingrediënten zijn gebruikt. Dek af met plasticfolie en druk de inhoud aan met een

andere bakplaat gevuld met zware blikken. Bewaar in de koelkast gedurende minimaal 24 uur of maximaal 3 dagen.

6.Serveer door de terrine te openen en om te draaien om te serveren. Verwijder voorzichtig de plasticfolie. Snij de terrine in dikke plakken. Serveer koud of op kamertemperatuur.

Zoetzure aardappelen

Aardappelen in Agrodolka

Voor 6-8 porties

Het is een Siciliaanse aardappelsalade, geserveerd op kamertemperatuur met gegrilde karbonades, kip of worstjes.

2 pond aardappelen voor algemeen gebruik, zoals Yukon Gold

1 ui

2 eetlepels olijfolie

1 kopje zoete zwarte olijven zonder pit, zoals Gaeta

2 eetlepels kappertjes

Zout en versgemalen zwarte peper

2 eetlepels witte azijn

2 eetlepels suiker

1. Schil de aardappelen met een borstel onder koud stromend water. Schil ze als je wilt. Snijd de aardappelen in helften of in

vieren als ze groot zijn. Bak de ui in een grote koekenpan in olie tot ze zacht en goudbruin is, ongeveer 10 minuten.

2. Combineer aardappelen, olijven, kappertjes en zout en peper naar smaak. Voeg 1 kopje water toe en breng aan de kook. Kook gedurende 15 minuten.

3. Meng de azijn en suiker in een kleine kom en voeg toe aan de pot. Ga door met koken tot de aardappelen gaar zijn, ongeveer 5 minuten. Haal van het vuur en laat volledig afkoelen. Serveer op kamertemperatuur.

Aardappelen met balsamicoazijn

Balsamico Aardappelen

Maakt 6 porties

Rode ui en balsamicoazijn geven deze aardappelen smaak. Ze zijn ook goed op kamertemperatuur.

2 pond aardappelen voor algemeen gebruik, zoals Yukon Gold

2 eetlepels olijfolie

1 grote rode ui, gehakt

2 eetlepels water

Zout en versgemalen zwarte peper

2 eetlepels balsamicoazijn

1. Schil de aardappelen met een borstel onder koud stromend water. Schil ze als je wilt. Snijd de aardappelen in helften of in vieren als ze groot zijn.

2. Verhit de olie in een middelgrote pan op middelhoog vuur. Voeg aardappelen, ui, water en zout en peper naar smaak toe. Dek de

pan af en zet het vuur laag. Bak gedurende 20 minuten of tot de aardappelen gaar zijn.

3. Open de pot en roer de azijn erdoor. Kook tot het grootste deel van de vloeistof is verdampt, ongeveer 5 minuten. Serveer warm of op kamertemperatuur.

Venetiaanse frietjes

Venetiaanse aardappel

Maakt 4 porties

Hoewel ik voor de meeste van mijn gerechten Yukon Gold-aardappelen gebruik, zijn er, vooral op boerenmarkten, nog veel andere goede variëteiten verkrijgbaar die variatie aan aardappelgerechten toevoegen. Gele Finse aardappelen zijn geschikt om te braden en bakken, en rode Russische aardappelen zijn geweldig voor salades. Hoewel blauwe aardappelen er vreemd uitzien, kunnen ze ook heel lekker zijn.

1¼ pond aardappelen voor algemeen gebruik, zoals Yukon Gold

2 eetlepels ongezouten boter

1 eetlepel olijfolie

1 middelgrote ui, gehakt

Zout en versgemalen zwarte peper

2 eetlepels gehakte verse peterselie

1. Schil de aardappelen met een borstel onder koud stromend water. Schil ze als je wilt. Snijd de aardappelen in helften of in

vieren als ze groot zijn. Smelt de boter in een grote koekenpan met olie op middelhoog vuur. Voeg de ui toe en kook tot hij zacht is, ongeveer 5 minuten.

2.Voeg aardappelen en zout en peper naar smaak toe. Dek de pan af en kook, af en toe roerend, ongeveer 20 minuten of tot de aardappelen gaar zijn.

3.Voeg peterselie toe en meng goed. Heet opdienen.

Gefrituurde aardappelen"

Aardappelen in zout

Maakt 4 porties

Als je bij een Italiaans restaurant friet bestelt, krijg je dit. De aardappelen worden licht krokant aan de buitenkant en zacht en romig aan de binnenkant. Ze worden "gegooide" aardappelen genoemd omdat ze vaak moeten worden geroerd of in een pan moeten worden gegooid.

1¼ pond aardappelen voor algemeen gebruik, zoals Yukon Gold

¼ kopje olijfolie

Zout en versgemalen zwarte peper

1. Schil de aardappelen met een borstel onder koud stromend water. Schil de aardappelen. Snijd ze in stukjes van 1 inch.

2. Giet olie in een 9-inch schaal. Zet de pan op middelhoog vuur tot de olie erg heet is en het aardappelpartje sist als je het toevoegt.

3. Droog de aardappelen goed af met keukenpapier. Voeg de aardappelen toe aan de hete olie en bak ze 2 minuten. Draai de aardappelen om en kook nog 2 minuten. Ga door met koken en

draai de aardappelen elke 2 minuten of tot ze aan alle kanten lichtbruin zijn, in totaal ongeveer 10 minuten.

4.Voeg zout en peper naar smaak toe. Dek de pan af en kook, af en toe draaiend, tot de aardappelen gaar zijn als je er met een mes in prikt, ongeveer 5 minuten. Serveer onmiddellijk.

Wijziging: Aardappelen met knoflook en kruiden: Voeg in stap 4 2 gehakte teentjes knoflook en een eetlepel gehakte verse rozemarijn of salie toe.

Peper- en aardappelsaus

Aardappelen en Pepperoni met Padella

Maakt 6 porties

Paprika, knoflook en chilipepers geven pit aan deze smakelijke saus.

1¼ pond aardappelen voor algemeen gebruik, zoals Yukon Gold

4 eetlepels olijfolie

2 grote rode of gele paprika's, in stukken van 1 inch gesneden

Zout

¼ kopje gehakte verse peterselie

2 grote teentjes knoflook

Een snufje gemalen rode peper

1. Schil de aardappelen met een borstel onder koud stromend water. Schil de aardappelen en snijd ze in stukken van 1 inch.

2. Verhit 2 eetlepels olie in een grote koekenpan op middelhoog vuur. Droog de aardappelen goed af met keukenpapier en plaats ze in de pan. Kook de aardappelen, af en toe roerend, tot ze

bruin beginnen te worden, ongeveer 10 minuten. Bestrooi met zout. Dek de pan af en kook gedurende 10 minuten.

3. Terwijl de aardappelen koken, verwarm je de resterende 2 eetlepels olie in een andere pan op middelhoog vuur. Voeg paprikapoeder en zout naar smaak toe. Kook, af en toe roerend, tot de paprika's bijna zacht zijn, ongeveer 10 minuten.

4. Roer de aardappelen erdoor en voeg dan de paprika toe. Meng peterselie, knoflook en gemalen peper. Kook tot de aardappelen gaar zijn, ongeveer 5 minuten. Heet opdienen.

Aardappelpuree met peterselie en knoflook

Aardappel Schiacciate all'Aglio e Prezzemolo

Maakt 4 porties

Aardappelpuree krijgt de Italiaanse behandeling met peterselie, knoflook en olijfolie. Als je van pittige aardappelen houdt, meng er dan een flinke snuf gemalen rode peper door.

1¼ pond aardappelen voor algemeen gebruik, zoals Yukon Gold

Zout

¼ kopje olijfolie

1 groot teentje knoflook, gehakt

1 eetlepel gehakte verse peterselie

Vers gemalen zwarte peper

1. Schil de aardappelen met een borstel onder koud stromend water. Schil de aardappelen en snijd ze in partjes. Doe de aardappelen in een middelgrote pan met koud water en zout naar smaak. Dek af en breng aan de kook. Bak gedurende 15 minuten of tot de aardappelen gaar zijn als je er met een mes in prikt. Giet de aardappelen af en bewaar een deel van het water.

2. Een droge pan waarin aardappelen werden gekookt. Voeg 2 eetlepels olie en knoflook toe en kook op middelhoog vuur tot de knoflook geurig is, ongeveer 1 minuut. Voeg aardappelen en peterselie toe aan de pan. Pureer de aardappelen met een aardappelstamper of vork, roer goed en meng met de knoflook en peterselie. Voeg de resterende olie toe en breng op smaak met peper en zout. Voeg indien nodig wat kokend water toe. Serveer onmiddellijk.

Wijziging: Aardappelpuree met olijven: Meng vlak voor het serveren met 2 eetlepels gehakte zwarte of groene olijven.

Kruidaardappelen met Pancetta

Patatine alle Erbe Aromatiche

Maakt 4 porties

Kleine nieuwe aardappelen zijn op deze manier heerlijk. (Een nieuwe aardappel is geen variëteit. Een nieuwe aardappel kan elke vers geoogste aardappel met een dunne schil zijn.) Gebruik een aardappel voor algemeen gebruik als er geen nieuwe aardappelen beschikbaar zijn.

1 1/4 kilogram kleine nieuwe aardappelen

2 ons gesneden pancetta, in blokjes gesneden

1 middelgrote ui, gehakt

2 eetlepels olijfolie

1 teentje knoflook, gehakt

6 verse basilicumblaadjes, in stukjes gescheurd

1 theelepel gehakte verse rozemarijn

1 laurierblad

Zout en versgemalen zwarte peper

1. Schil de aardappelen met een borstel onder koud stromend water. Schil ze als je wilt. Snijd de aardappelen in stukjes van 1 inch.

2. Meng pancetta, ui en olijfolie in een grote pan. Kook op middelhoog vuur tot het zacht is, ongeveer 5 minuten.

3. Voeg de aardappelen toe en kook, af en toe roerend, gedurende 10 minuten.

4. Meng knoflook, basilicum, rozemarijn, laurier en zout en peper naar smaak. Dek de pan af en kook nog eens 20 minuten, af en toe roerend, tot de aardappelen gaar zijn als je er met een vork in prikt. Voeg een beetje water toe als de aardappelen te snel bruin beginnen te worden.

5. Verwijder het laurierblad en serveer warm.

Aardappelen met tomaten en uien

Aardappelpizzaiola

Voor 6-8 porties.

Gebakken aardappelen met pizzasmaak zijn typisch voor Napels en andere delen van het zuiden.

2 pond aardappelen voor algemeen gebruik, zoals Yukon Gold

2 grote tomaten, geschild, zonder zaadjes en in stukjes gesneden

2 middelgrote uien, in plakjes gesneden

1 teentje knoflook, gehakt

½ theelepel gedroogde oregano

¼ kopje olijfolie

Zout en versgemalen zwarte peper

1. Verwarm de oven voor op 450 ° F. Bestrijk de aardappelen onder koud stromend water. Schil ze als je wilt. Snijd de aardappelen in stukjes van 1 inch. Combineer aardappelen, tomaten, ui, knoflook, oregano, olie, zout en peper naar smaak in

een ovenschaal die groot genoeg is om de ingrediënten in één laag te bewaren. Verdeel de ingrediënten gelijkmatig in de pan.

2.Plaats het rek in het midden van de oven. Rooster de groenten, roer 2 of 3 keer, gedurende 1 uur of tot de aardappelen gaar zijn. Heet opdienen.

Gebakken aardappelen met knoflook en rozemarijn

Aardappelarrosto

Maakt 4 porties

Ik kan nooit genoeg krijgen van deze knapperige aardappelen. Niemand kan ze weerstaan. De truc is om een pan te gebruiken die zo groot is dat de aardappelstukjes elkaar nauwelijks raken en niet op elkaar stapelen. Als uw pan niet groot genoeg is, gebruik dan een jelly pan van 15 x 10 x 1 inch of gebruik twee kleinere pannen.

2 pond aardappelen voor algemeen gebruik, zoals Yukon Gold

¼ kopje olijfolie

1 eetlepel gehakte verse rozemarijn

Zout en versgemalen zwarte peper

2 teentjes knoflook, gehakt

1. Plaats het rek in het midden van de oven. Verwarm de oven voor op 400 ° F. Bestrijk de aardappelen onder koud stromend water. Schil ze als je wilt. Snijd de aardappelen in stukjes van 1 inch. Droog de aardappelen met keukenpapier. Plaats ze in een pan

die groot genoeg is om de aardappelen in één laag te houden. Besprenkel met olie en breng op smaak met rozemarijn, zout en peper. Verdeel de aardappelen gelijkmatig.

2. Bak de aardappelen, roer elke 15 minuten, gedurende 45 minuten. Voeg de knoflook toe en kook nog eens 15 minuten of tot de aardappelen gaar zijn. Heet opdienen.

Gebakken aardappelen met champignons

Aardappelen en champignons al forno

Maakt 6 porties

De aardappelen nemen een deel van de smaak van de champignons en knoflook op als ze in dezelfde pan worden gebakken.

1,5 pond aardappelen voor alle doeleinden, zoals Yukon Gold

1 pond champignons, eventuele champignons, gehalveerd of in vieren gesneden als ze groot zijn

¼ kopje olijfolie

2-3 fijngehakte teentjes knoflook

Zout en versgemalen zwarte peper

2 eetlepels gehakte verse peterselie

1. Plaats het rek in het midden van de oven. Verwarm de oven voor op 400 ° F. Bestrijk de aardappelen onder koud stromend water. Schil ze als je wilt. Snijd de aardappelen in stukjes van 1 inch. Doe de aardappelen en champignons in een grote pan. Meng de groenten met olie, knoflook en een flinke snuf zout en peper.

2. Bak de groenten gedurende 15 minuten. Gooi ze goed. Bak nog eens 30 minuten, af en toe roerend, tot de aardappelen gaar zijn. Bestrooi met gehakte peterselie en serveer warm.

Aardappelen en bloemkool in Basilicata-stijl

Aardappelen en Cavolfiore al Forno

Overeenkomst 4-6

Zet deze aardappel- en bloemkoolschotel met geroosterd varkensvlees of kip in de oven voor een geweldig zondagsdiner. De groenten moeten knapperig en goudbruin zijn aan de randen, en hun smaak wordt versterkt door de geur van oregano.

1 kleine bloemkool

¼ kopje olijfolie

3 middelgrote universele aardappelen, zoals Yukon Gold, in vieren gesneden

½ theelepel gedroogde oregano, geplet

Zout en versgemalen zwarte peper

1. Snijd de bloemkool in roosjes van 2 inch. Snijd de uiteinden van de stengels af. Snijd de dikke stengels kruiselings in plakjes van 1/4 inch dik.

2. Plaats het rek in het midden van de oven. Verwarm de oven voor op 400 ° F. Giet olie in een ovenschaal van 13 x 9 x 2 inch. Voeg

groenten toe en meng goed. Bestrooi met oregano en zout en peper naar smaak. Rol opnieuw.

3.Bak gedurende 45 minuten of tot de groenten zacht en goudbruin zijn. Heet opdienen.

Aardappelen en kool in een pan

Aardappelen en Cavolo in Tegame

Recept voor 4-6 porties

Er zijn versies van dit gerecht in heel Italië. Gerookte Friuli-pancetta wordt met uien aan de pan toegevoegd. Ik hou van deze eenvoudige versie van Basilicata. De roze kleur van de ui wordt aangevuld door de romige witte aardappelen en groene kool. De aardappelen worden zo zacht dat ze bij het koken op aardappelpuree lijken.

3 eetlepels olijfolie

1 middelgrote rode ui, gehakt

1/2 middelgrote kool, in dunne plakjes gesneden (ongeveer 4 kopjes)

3 middelgrote universele aardappelen, zoals Yukon Gold, geschild en in kleine stukjes gesneden

1/2 kopjes water

Zout en versgemalen zwarte peper

1. Giet de olie in een grote pot. Voeg de ui toe en kook op middelhoog vuur, onder regelmatig roeren, tot ze zacht is, ongeveer 5 minuten.

2.Combineer kool, aardappelen, water en zout en peper naar smaak. Dek af en kook, af en toe roerend, gedurende 30 minuten of tot de groenten gaar zijn. Voeg een beetje water toe als de groenten aan elkaar gaan plakken. Heet opdienen.

Aardappel- en spinaziecake

Torta di Patate en spinazie

Maakt 8 porties

Toen ik dit gelaagde vlaggenschip in Rome had, werd het gemaakt met witlof in plaats van spinazie. Romeins witloof lijkt op een jonge paardenbloem of rijpe rucola. Spinazie is een goed alternatief voor witlof. Voor de beste smaak laat u dit gerecht iets afkoelen voordat u het serveert.

2 pond aardappelen voor algemeen gebruik, zoals Yukon Gold

Zout

4 eetlepels ongezouten boter

1 kleine ui, zeer fijn gesneden

1½ pond gehakte spinazie, cichorei, paardenbloem of snijbiet

½ kopjes water

½ kopjes warme melk

1 kop vers geraspte Parmigiano-Reggiano

Vers gemalen zwarte peper

1 eetlepel gewoon broodkruim

1. Schil de aardappelen met een borstel onder koud stromend water. Schil de aardappelen en plaats ze in een middelgrote pan met voldoende koud water om ze onder water te zetten. Voeg zout toe en dek de pan af. Breng aan de kook en kook ongeveer 20 minuten of tot de aardappelen gaar zijn.

2. Smelt 2 eetlepels boter in een kleine pan op middelhoog vuur. Voeg de ui toe en kook, onder regelmatig roeren, tot de ui zacht en goudbruin is.

3. Doe de spinazie in een grote pan met een halve kop water en zout naar smaak. Dek af en kook tot het gaar is, ongeveer 5 minuten. Laat goed uitlekken en knijp overtollige vloeistof eruit. Snij de spinazie op een bord.

4. Voeg spinazie toe aan de pan en meng met ui.

5. Zodra de aardappelen gaar zijn, giet je ze af en mix je ze tot een gladde massa. Roer de resterende 2 eetlepels boter en melk erdoor. Voeg 3/4 kopje kaas toe en meng goed. Breng op smaak met zout en peper.

6. Plaats het rek in het midden van de oven. Verwarm de oven voor op 375 ° F.

7. Beboter royaal een ovenschaal van 9 inch. Verdeel de helft van de aardappelen in de schaal. Maak een tweede laag hele spinazie. Garneer met de overgebleven aardappelen. Strooi de resterende 1/4 kop kaas en paneermeel erover.

8. Bak gedurende 45 tot 50 minuten of tot het oppervlak goudbruin is. Zet 15 minuten apart voordat je het serveert.

Napolitaanse aardappelkroketten

Panzerotti of Hook

Maakt ongeveer 24

In Napels hebben pizzeria's kiosken op de trottoirs neergezet om deze heerlijke knapperige aardappelpuree te verkopen, zodat voorbijgangers ze gemakkelijk kunnen eten als lunch of tussendoortje. Dit is echter het recept van mijn grootmoeder. Op feesten en partijen aten we het hele jaar door aardappelkroketten, meestal als aanvulling op rosbief.

2,5 pond aardappelen voor algemeen gebruik, zoals Yukon Gold

3 grote eieren

1 kop vers geraspte Pecorino Romano of Parmigiano-Reggiano

2 eetlepels gehakte verse peterselie

1/4 kopje fijngehakte salami (ongeveer 2 ons)

Zout en versgemalen zwarte peper

2 kopjes gewoon droog broodkruimels

Plantaardige olie om te frituren

1. Schil de aardappelen met een borstel onder koud stromend water. Plaats de aardappelen in een grote pan met koud water om ze onder water te zetten. Dek de pan af en breng het water aan de kook. Kook op middelhoog vuur tot de aardappelen gaar zijn als je er met een vork in prikt, ongeveer 20 minuten. Giet de aardappelen af en laat ze iets afkoelen. Schil de aardappelen. Doe ze in een grote kom en plet ze met een molen of vork tot een gladde massa.

2. Scheid de eieren, doe de dooiers in een kleine kom en bewaar het eiwit in een platte schaal. Verspreid broodkruimels op vetvrij papier.

3. Meng eidooiers, kaas, peterselie en salami met aardappelpuree. Voeg zout en peper naar smaak toe.

4. Vorm met ongeveer een kwart kopje van het aardappelmengsel een worst van ongeveer 2,5 cm breed en 6,5 cm lang. Herhaal met de overige aardappelen.

5. Klop de eiwitten met een garde of vork schuimig. Dompel de aardappelsticks in het eiwit en rol ze door paneermeel tot ze volledig bedekt zijn. Zet de bomen op een standaard en laat ze 15 tot 30 minuten drogen.

6. Giet ongeveer 1/2 inch olie in een grote koekenpan met dikke bodem. Verhit op middelhoog vuur tot een deel van het eiwit begint te borrelen en in de olie druppelt. Plaats voorzichtig een aantal houtblokken in de pan en laat er een kleine ruimte tussen. Kook, af en toe draaiend met een tang, tot het gelijkmatig bruin is, ongeveer 10 minuten. Leg de gouden kroketten op keukenpapier en laat ze uitlekken.

7. Serveer direct of houd de kroketten warm op laag vuur terwijl je de rest kookt.

Papa's Napolitaanse aardappelpannenkoek

gatto'

Voor 6-8 porties

Gatto" komt van het Franse woord gateau, wat "cake" betekent. Deze oorsprong doet mij vermoeden dat dit recept populair werd gemaakt door de Frans opgeleide Monzus, chef-koks die aan het hof van Napels voor aristocraten kookten.

Thuis noemden we het aardappelpannenkoek en als we op zondag geen aardappelkroketten hadden, aten we dit aardappelgerecht, de specialiteit van mijn vader.

2,5 pond aardappelen voor algemeen gebruik, zoals Yukon Gold

Zout

¼ kopje gewoon droog broodkruimels

4 eetlepels (½ stokje) ongezouten boter, zacht

1 kopje warme melk

1 kopje plus 2 eetlepels vers geraspte Parmigiano-Reggiano

1 groot ei, losgeklopt

¼ eetlepel vers geraspte nootmuskaat

Zout en versgemalen zwarte peper

8 ons verse mozzarella, gehakt

4 ons geïmporteerde Italiaanse salami of prosciutto, gehakt

1. Schil de aardappelen met een borstel onder koud stromend water. Plaats de aardappelen in een grote pan met koud water om ze onder water te zetten. Voeg zout naar smaak toe. Dek de pan af en breng het water aan de kook. Kook op middelhoog vuur tot de aardappelen gaar zijn als je er met een vork in prikt, ongeveer 20 minuten. Zeef en laat iets afkoelen.

2. Plaats het rek in het midden van de oven. Verwarm de oven voor op 400 ° F. Vet een ovenschaal van 2 kwart gallon in. Strooi er paneermeel over.

3. Schil de aardappelen, doe ze in een grote kom en pureer ze met een aardappelstamper of vork tot een gladde massa. Meng 3 eetlepels boter, melk, 1 kopje Parmezaanse kaas, ei, nootmuskaat en zout en peper naar smaak. Meng met mozzarella en salami.

4. Verdeel het mengsel gelijkmatig in de voorbereide schaal. Strooi de overgebleven Parmigiano erover. Bestrijk met de resterende eetlepel boter.

5. Bak gedurende 35 tot 45 minuten of tot het oppervlak bruin is. Zet het een tijdje op kamertemperatuur voordat je het serveert.

Pantomaten

Pomodori in Padella

Voor 6-8 porties

Serveer als begeleider van gegrild of geroosterd vlees of puree met boerenbrood op kamertemperatuur als aperitief.

8 pruimtomaatjes

¼ kopje olijfolie

2 teentjes knoflook, gehakt

2 eetlepels gehakte verse basilicum

Zout en versgemalen zwarte peper

1. Spoel de tomaten af en droog ze. Gebruik een klein mes om de steel van elke tomaat af te snijden en te verwijderen. Snij de tomaten in de lengte doormidden.

2. Verhit de olie met knoflook en basilicum in een grote koekenpan op middelhoog vuur. Voeg de tomatenhelften toe, met de snijkant naar beneden. Strooi er zout en peper over. Kook tot de

tomaten bruin en zacht zijn, ongeveer 10 minuten. Serveer warm of op kamertemperatuur.

Gestoomde tomaten

Gestoomde pomodoro

Maakt 4 porties

Hier worden kleine zoete tomaten in sap gekookt. Serveer als toevoeging aan vlees of vis of leg op een frittata. Als de tomaten niet zoet genoeg zijn, voeg dan tijdens het koken een snufje suiker toe.

1 liter kerstomaatjes of druiventomaten

2 eetlepels extra vergine olijfolie

Zout

6 basilicumblaadjes, op elkaar gestapeld en in dunne reepjes gesneden

1. Spoel de tomaten af en droog ze. Snijd ze aan het uiteinde van de stengel doormidden. Combineer tomaten, olie en zout in een kleine pot. Dek de pan af en plaats hem op laag vuur. Kook gedurende 10 minuten of tot de tomaten zacht zijn maar hun vorm behouden.

2. Voeg basilicum toe. Serveer warm of op kamertemperatuur.

Gebakken tomaten

Pomodoro al Forno

Maakt 8 porties

Paneermeel brengt deze tomaten op smaak. Ze passen goed bij gebakken vis en de meeste eiergerechten.

8 pruimtomaatjes

1 kopje broodkruimels

4 ansjovisfilets, gehakt

2 eetlepels kappertjes, afgespoeld en uitgelekt

1/ kopje vers geraspte Pecorino Romano

1/2 theelepel gedroogde oregano

3 eetlepels olijfolie

Zout en versgemalen zwarte peper

1. Spoel en droog de tomaten. Snij de tomaten in de lengte doormidden. Schraap de zaden met een kleine lepel in een fijne zeef die boven een kom is geplaatst om het sap op te vangen. Bak

het paneermeel in een grote koekenpan op middelhoog vuur, onder regelmatig roeren, tot het geurig maar niet bruin is, ongeveer 5 minuten. Haal van het vuur en laat iets afkoelen.

2. Plaats het rek in het midden van de oven. Verwarm de oven voor op 400 ° F. Vet een grote ovenschaal in. Leg de tomatenschillen met de snijkant naar boven op een bakplaat.

3. Voeg toe aan de kom met tomatensap, paneermeel, ansjovis, kappertjes, kaas, oregano, zout en peper. Meng 2 eetlepels olijfolie. Breng het bereide mengsel aan op de tomatenschillen. Besprenkel met de resterende eetlepel olie.

4. Bak gedurende 40 minuten of tot de tomaten zacht zijn en het broodkruim goudbruin is. Heet opdienen.

Gevulde Farro-tomaten

Pomodori Ripieni

Maakt 4 porties

Farro, een oud graan dat populair is in Italië, is perfect voor tomaten gemengd met kaas en uien. Ik had zoiets bij L'Angolo Divino, een wijnbar in Rome.

1 dl semi-gehelminiseerde farro (of tarwebes of bulgurvervanger)

Zout

4 grote ronde tomaten

1 kleine ui, gehakt

2 eetlepels olijfolie

¼ kopje geraspte Pecorino Romano of Parmigiano-Reggiano

Vers gemalen zwarte peper

1. Breng in een middelgrote pan 4 kopjes water aan de kook. Farro en zout naar smaak toevoegen. Bak tot de farro zacht maar nog steeds taai is, ongeveer 30 minuten. Giet de farro af en doe hem in een kom.

2. Bak de ui in een kleine pan in olie op middelhoog vuur goudbruin, ongeveer 10 minuten.

3. Plaats het rek in het midden van de oven. Verwarm de oven voor op 350 ° F. Vet een kleine ovenschaal in, groot genoeg voor de tomaten.

4. Spoel en droog de tomaten. Snij een plakje van een halve centimeter van de bovenkant van elke tomaat en zet opzij. Maak de binnenkant van de tomaten leeg met een lepel en doe het vruchtvlees in een fijnmazig net boven een kom. Leg de tomatenschillen in een ovenschaal.

5. Voeg het uitgelekte tomatensap, gebakken ui, kaas, zout en peper naar smaak toe aan de farro bowl. Giet het mengsel in de tomatenschillen. Bedek de tomaten met de gereserveerde toppen.

6. Bak gedurende 20 minuten of tot de tomaten zacht zijn. Serveer warm of op kamertemperatuur.

Gevulde tomaten op Romeinse wijze

Pomodori Ripieni alla Romana

Maakt 6 porties

Het is een klassiek Romeins gerecht dat meestal als voorgerecht op kamertemperatuur wordt gegeten.

¾ kopje middelkorrelige rijst, zoals Arborio, Carnaroli of Vialone Nano

Zout

6 grote ronde tomaten

4 eetlepels olijfolie

3 ansjovisfilets, gehakt

1 klein teentje knoflook, gehakt

¼ kopje gehakte verse basilicum

¼ kopje vers geraspte Parmigiano-Reggiano

1. Breng 1 liter water aan de kook op hoog vuur. Voeg rijst en 1 theelepel zout toe. Zet het vuur lager en laat 10 minuten

sudderen, of tot de rijst gedeeltelijk gaar is, maar nog steeds erg stevig. Goed laten uitlekken. Doe de rijst in een grote kom.

2. Plaats het rek in het midden van de oven. Verwarm de oven voor op 350 ° F. Vet een ovenschaal in die groot genoeg is voor de tomaten.

3. Snijd een plakje van een halve centimeter van de bovenkant van de tomaten en zet opzij. Maak de binnenkant van de tomaten leeg met een lepel en doe het vruchtvlees in een fijnmazig net boven een kom. Leg de tomatenschillen in de pan.

4. Voeg het vocht en de olie van de uitgelekte tomaten, ansjovis, knoflook, basilicum, kaas en zout naar smaak toe aan de kom met rijst. Goed mengen. Giet het mengsel in de tomatenschillen. Bedek de tomaten met de gereserveerde toppen.

5. Bak gedurende 20 minuten of tot de rijst gaar is. Serveer warm of op kamertemperatuur.

Gebakken tomaten met balsamicoazijn

Balsamico Pomodori

Maakt 6 porties

Balsamicoazijn verbetert de smaak van groenten op bijna magische wijze. Probeer dit eenvoudige gerecht eens en serveer als aperitiefhapje of bij vlees.

8 pruimtomaatjes

2 eetlepels olijfolie

1 eetlepel balsamicoazijn

Zout en versgemalen zwarte peper

1. Plaats het rek in het midden van de oven. Verwarm de oven voor op 375 ° F. Vet een ovenschaal in die groot genoeg is om de tomaten in een enkele laag te houden.

2. Spoel de tomaten af en droog ze. Snij de tomaten in de lengte doormidden. Verzamel tomatenzaden. Leg de tomatenhelften in de pan, met de snijkant naar boven. Besprenkel met olijfolie en azijn en bestrooi met zout en peper.

3. Bak de tomaten gedurende 45 minuten of tot ze gaar zijn. Serveer op kamertemperatuur.

CURSUS EN WINTERCURSUSSEN

Vrijwel alle delen van courgette zijn eetbaar. Sicilianen bereiden een soep van groene bladeren en wijnstokken, genaamd tenerumi. Courgette en andere grote pompoenbloemen worden gevuld met vlees of kaas en gebakken of gestoofd. Courgette zelf wordt in talloze conserven gebruikt.

Soms vind ik felgroene Romanesco-pompoen op mijn boerenmarkt. Ze zijn lekkerder dan de bekende donkergroene variant en minder waterig. Het belangrijkste bij courgette is om de kleinste te kiezen die je kunt vinden. Ze hebben minder en delicatere zaden en meer smaak. Veel tuinders van gigantische courgettes proberen altijd nietsvermoedende vrienden te irriteren die waterig en volkomen nutteloos zijn.

Winterpompoen wordt in Italië per stuk verkocht. De gebruikte variëteiten zijn vaak erg groot, maar qua textuur lijken ze op de harde pompoenen die in de Verenigde Staten voorkomen. Ik gebruik voornamelijk flespompoen, die zoet en boterachtig is, maar je kunt ook eikels, hubbard of pompoen gebruiken.

Carpaccio van Courgette

Carpaccio met Giallo en Verde

Maakt 4 porties

Ik had eerst een eenvoudigere versie van deze verfrissende salade van wijnvrienden in Toscane. Door de jaren heen heb ik hem versierd met gele en groene courgette en verse munt toegevoegd.

2 of 3 kleine courgettes, bij voorkeur een mengsel van geel en groen

3 eetlepels vers citroensap

1/3 kopjes extra vergine olijfolie

Zout en versgemalen zwarte peper

2 eetlepels fijngehakte verse munt

Ongeveer 2 ons Parmigiano-Reggiano, 1 stuk

1. Borstel de courgette onder koud stromend water. Snijd de uiteinden af.

2. Snijd de courgette in een keukenmachine of mandoline in zeer dunne plakjes. Doe de plakjes in een middelgrote kom.

3. Meng in een kleine kom citroensap, olijfolie, zout en peper naar smaak tot alles gemengd is. Roer de munt erdoor. Strooi de courgette erover en meng goed. Leg de plakjes op een diep bord.

4. Snijd de Parmezaanse kaas in dunne plakjes met een dunschiller. Verdeel de plakjes over de courgette. Serveer onmiddellijk.

Courgette met knoflook en munt

Courgette en Scapece

Maakt 8 porties

Courgettes of andere pompoenen, aubergines en wortels kunnen worden bereid in de stijl van 'Apicius', een vroege Romein die over eten schreef. De groenten worden gebakken, gekruid en vervolgens gekoeld. Zorg ervoor dat je dit minimaal 24 uur voor het serveren doet, voor de beste smaak.

2 kg kleine courgette

Plantaardige olie om te frituren

3 eetlepels rode wijnazijn

2 grote teentjes knoflook, gehakt

1/4 kopje gehakte verse munt of basilicum

Zout en versgemalen zwarte peper

1. Borstel de courgette onder koud stromend water. Snijd de uiteinden af. Snijd de courgette in plakjes van 1/4 inch.

2. Giet 2,5 cm olie in een diepe, zware koekenpan of brede pan. Verhit de olie op middelhoog vuur tot een klein stukje groente in de olie valt.

3. Droog de plakjes courgette met keukenpapier. Laat ongeveer een kwart van de courgette voorzichtig in de hete olie glijden. Bak tot de randen lichtbruin zijn, ongeveer 3 minuten. Leg de courgette met een schuimspaan op keukenpapier om uit te lekken. Kook de rest op dezelfde manier.

4. Leg de courgette op een bord en besprenkel elke laag met een beetje azijn, knoflook, munt en zout en peper naar smaak. Dek af en zet minimaal 24 uur in de koelkast voordat u het serveert.

Gebakken courgette

Courgette in Padella

Maakt 6 porties

Zo maak je op een snelle manier een smakelijk voorgerecht van courgette, ui en peterselie.

1 kilo kleine courgette

2 eetlepels ongezouten boter

1 kleine ui, zeer fijn gesneden

Zout en versgemalen zwarte peper

3 eetlepels gehakte peterselie

1. Borstel de courgette onder koud stromend water. Snijd de uiteinden af. Snijd in plakjes van 1/8 inch.

2. Smelt de boter in een middelgrote koekenpan op laag vuur. Voeg de ui toe en kook tot hij zacht is, ongeveer 5 minuten.

3. Voeg courgette toe en meng met boter. Dek af en kook gedurende 5 minuten, of tot de courgette zacht is als je er met een vork in prikt.

4.Voeg peper en zout naar smaak en peterselie toe en meng goed. Serveer onmiddellijk.

Courgette Met Prosciutto

Courgette Met Prosciutto

Maakt 4 porties

Deze courgettes zijn perfect als bijgerecht bij kip, maar ook als saus bij warme gekookte penne of andere pasta.

11/2 kilogram kleine courgette

1 middelgrote ui, gehakt

2 eetlepels olijfolie

1 teentje knoflook, gehakt

1/2 theelepel gedroogde marjolein of tijm

Zout en versgemalen zwarte peper

3 dunne plakjes geïmporteerde Italiaanse prosciutto, kruislings in dunne reepjes gesneden

1. Borstel de courgette onder koud stromend water. Snijd de uiteinden af. Snijd de courgette in plakjes van 1/8 inch dik.

2. Fruit de ui in een grote koekenpan in olie op middelhoog vuur. Kook al roerend tot de ui zacht en goudbruin is, ongeveer 10 minuten. Voeg knoflook en marjolein toe en bak nog een minuut.

3. Voeg de courgetteplakjes toe en breng op smaak met peper en zout. Kook gedurende 5 minuten.

4. Voeg prosciutto toe en kook tot de courgette gaar is, nog ongeveer 2 minuten. Heet opdienen.

Courgette met Parmabroodkruim

Courgette Met Parmigiana

Maakt 4 porties

Het boterachtige en kaasachtige broodkruim smaakt naar deze courgetteschotel.

1 kilo kleine courgette

2 eetlepels ongezouten boter, gesmolten en afgekoeld

2 eetlepels paneermeel, bij voorkeur zelfgemaakt

¼ kopje geraspte Parmigiano-Reggiano

Zout en versgemalen peper

1. Borstel de courgette onder koud stromend water. Snijd de uiteinden af.

2. Plaats het rek in het midden van de oven. Verwarm de oven voor op 425 ° F. Vet een ovenschaal van 13 x 9 x 2 inch in.

3. Leg de courgetteplakken in de ovenschaal, elkaar enigszins overlappend. Meng in een middelgrote kom de boter, het

paneermeel, de kaas en zout en peper naar smaak. Strooi het paneermeelmengsel over de courgette.

4.Bak gedurende 30 minuten of tot de kruimels goudbruin zijn en de courgette zacht is. Heet opdienen.

Courgette ovenschotel

Courgette ovenschotel

Recept voor 4-6 porties

Als ik aan deze ovenschotel denk, stel ik me voor dat ik hem serveer als onderdeel van een zomers picknickbuffet met gegrild vlees of vis en een paar salades. Het is goed warm of koud.

2 middelgrote gele uien, gehakt

2 teentjes knoflook, gehakt

4 eetlepels olijfolie

Zout en versgemalen zwarte peper

1 eetlepel gehakte verse tijm, basilicum of oregano

4 kleine courgettes, in plakjes van 1/8 inch gesneden

3 middelgrote ronde tomaten, in dunne plakjes gesneden

½ kopje geraspte Parmigiano-Reggiano

1. Fruit de ui en knoflook in een middelgrote koekenpan in 2 eetlepels olijfolie op middelhoog vuur tot ze goudbruin zijn, ongeveer 10 minuten. Breng op smaak met zout en peper.

2. Plaats het rek in het midden van de oven. Verwarm de oven voor op 375 ° F. Vet een ovenschaal van 13 x 9 x 2 inch in.

3. Verdeel het uienmengsel gelijkmatig in de ovenschaal. Bestrooi de ui met een derde van de tijm. Leg de courgette en tomaten op de uien. Bestrooi met de overgebleven tijm en breng op smaak met peper en zout. Besprenkel met de resterende olijfolie.

4. Bak gedurende 40 tot 45 minuten of tot de groenten gaar zijn en de sappen borrelen. Bestrooi met kaas en kook tot het licht gesmolten is, nog ongeveer 5 minuten. Zet 10 minuten apart voordat je het serveert.

Courgette met tomaten en ansjovis

Courgette al Forno

Maakt 4 porties

Deze Zuiderse ovenschotel is op smaak gebracht met ansjovis en knoflook.

1 kilo kleine courgette

4 pruimtomaten, in dunne plakjes gesneden

¼ kopje gewoon droog broodkruimels

3 ansjovisfilets, gehakt

2 eetlepels olijfolie

1 klein teentje knoflook, gehakt

Zout en versgemalen zwarte peper

1. Borstel de courgette onder koud stromend water. Snijd de uiteinden af. Snijd in plakjes van 1/8 inch.

2. Plaats het rek in het midden van de oven. Verwarm de oven voor op 375 ° F. Vet een ovenschaal van 13 x 9 x 2 inch in. Leg de courgette en tomaten op elkaar in de pan.

3. Meng in een middelgrote kom broodkruim, ansjovis, olie, knoflook, zout en peper naar smaak. Verdeel het mengsel over de groenten.

4. Bak gedurende 30 minuten of tot de groenten gaar zijn. Zet 10 minuten apart voordat je het serveert.

Courgette goulash

Courgette-ciambotta

Recept voor 4-6 porties

Hier is nog een lid van de Zuid-Italiaanse ciambotta-groentenstoofpotfamilie die mijn moeder in de zomers steeds opnieuw maakte toen ik opgroeide. Hoewel ik het als kind niet leuk vond omdat we het zo vaak deden, vind ik het nu - soms - leuk.

3 kleine of middelgrote courgettes

2 middelgrote uien, gehakt

3 eetlepels olijfolie

1 teentje knoflook, heel fijn gesneden

4 pruimtomaatjes, in kleine stukjes gesneden

2 middelgrote aardappelen, geschild en in kleine stukjes gesneden

Zout en versgemalen zwarte peper

2 eetlepels gehakte verse basilicum

1. Borstel de courgette onder koud stromend water. Snijd de uiteinden af. Snij de courgette in hapklare stukjes.

2. Fruit de ui in een grote pan in olie op middelhoog vuur tot ze zacht is, ongeveer 5 minuten. Roer de knoflook erdoor en bak nog een minuut.

3. Voeg tomaten, courgette, aardappelen en zout en peper naar smaak toe. Dek af en kook, af en toe roerend, gedurende 30 minuten of tot de aardappelen gaar zijn. Voeg wat water toe als het mengsel droog lijkt.

4. Als de ciambotta klaar is, haal je hem van het vuur en meng je hem met de basilicum. Serveer warm of op kamertemperatuur.

Courgette gevuld met tonijn

Courgette Met Tonno

Maakt 6 porties

Ik at ze als voorgerecht in een landelijk restaurant in Toscane. Ik serveer ze vaak als hoofdgerecht met een groene salade.

2 sneetjes Italiaans of stokbrood van een dag oud, zonder korst (ongeveer 1/3 kopje brood)

1/2 kopjes melk

6 kleine courgettes, gehakt

1 blikje tonijn verpakt in olijfolie

1/4 kopje vers geraspte Parmigiano-Reggiano plus 2 eetlepels.

1 teentje knoflook, gehakt

2 eetlepels gehakte verse peterselie

Vers geraspte nootmuskaat

Zout en versgemalen zwarte peper

1 groot ei, lichtgeklopt

1. Plaats het rek in het midden van de oven. Verwarm de oven voor op 425 ° F. Vet een ovenschaal in die groot genoeg is om de courgettehelften in een enkele laag te plaatsen.

2. Bestrijk het brood met melk en laat het weken tot het zacht is. Borstel de courgette onder koud stromend water. Snijd de uiteinden af.

3. Snijd de courgette in de lengte doormidden. Schep het vruchtvlees eruit met een kleine lepel, laat 1/4 inch van de schil achter en zet het vruchtvlees opzij. Leg de courgetteschillen met de snijkant naar boven in de voorbereide pan. Snijd de courgette in stukken en doe deze in een kom.

4. Giet de tonijn af en bewaar de olie. Pureer de tonijn in een grote kom. Knijp het brood uit en voeg de tonijn, gehakte courgette, ¼ kopje kaas, knoflook, peterselie, nootmuskaat en zout en peper naar smaak toe. Goed mengen. Voer het ei in.

5. Giet het mengsel in de courgetteschillen. Leg de courgette in een ovenschaal. Strooi er wat van de bewaarde tonijnolie overheen. Strooi de overige kazen erover. Giet een half kopje water rond de courgette.

6. Bak gedurende 30 tot 40 minuten of tot de courgette goudbruin en zacht is als je er met een mes in prikt. Serveer warm of op kamertemperatuur.

Gebakken courgette

Courgette frietjes

Maakt 6 porties

Het bier geeft de cake een goede smaak en kleur, en de belletjes maken hem licht. Het deeg is ook geschikt voor het bakken van vis, uienringen en andere groenten.

6 kleine courgettes

1 Multifunctioneel meel

2 grote eieren

¼ glas bier

Plantaardige olie om te frituren

Zout

1. Borstel de courgette onder koud stromend water. Snijd de uiteinden af. Snijd de courgette in reepjes van 2 1/4 x 1/4 inch.

2. Verdeel de bloem op vetvrij papier. Klop de eieren in een middelgrote kom tot ze schuimig zijn. Klop het bier tot het goed gemengd is.

3. Giet ongeveer 5 cm olie in een zware pan of frituurpan volgens de instructies van de fabrikant. Verhit de olie op middelhoog vuur tot een druppel van het eimengsel sist wanneer het aan de pan wordt toegevoegd en de temperatuur op een voedselthermometer 370 ° F bereikt.

4. Haal ongeveer een kwart van de courgettereepjes door de bloem en vervolgens door het eimengsel.

5. Neem de courgette met een tang, laat het overtollige deeg eraf druipen en laat een stuk courgette in de olie vallen. Voeg zoveel toe als je kunt zonder dat het overloopt. Bak de courgette in ongeveer 2 minuten knapperig en goudbruin. Haal de courgette eruit met een schuimspaan. Laat uitlekken op keukenpapier. Houd het warm in de oven op laag vuur terwijl je de rest kookt.

6. Strooi zout erover en serveer warm.

Stukjes courgette

Courgette formule

Maakt 6 porties

Om deze delicate flessen te maken, heb je zes schaaltjes of hittebestendige kopjes nodig. Serveer als bijgerecht bij braadstuk of ham voor een lentebrunch. Meestal laat ik ze een minuut of twee staan en pak ze dan uit, maar als je ze rechtstreeks uit de oven serveert terwijl ze nog gepoft zijn, zijn ze een geweldige souffléstarter. Haast je; Ze zinken snel.

Courgette kun je vervangen door broccoli, asperges, wortelen of andere groenten.

1 eetlepel ongezouten boter, gesmolten

3 middelgrote courgettes, in dikke plakjes gesneden

4 grote eieren, gescheiden

1/ kopje geraspte Parmigiano-Reggiano

Snufje zout

Een snufje gemalen nootmuskaat

1. Borstel de courgette onder koud stromend water. Snijd de uiteinden af.

2. Plaats het rek in het midden van de oven. Verwarm de oven voor op 350 ° F. Vet zes 10-ounce schaaltjes of ovenvaste custardbekers royaal in met gesmolten boter.

3. Breng een grote pan water aan de kook. Courgette toevoegen en aan de kook brengen. Kook gedurende 1 minuut. Laat de courgette goed uitlekken. Droog de stukken met keukenpapier. Maal de courgettes of mix ze met een blender tot een gladde massa. Doe de courgettepuree in een grote kom.

4. Voeg de eierdooiers, Parmezaanse kaas, zout en nootmuskaat toe aan de courgette en meng goed.

5. Klop de eiwitten in een grote kom met een elektrische mixer tot ze zacht zijn als de mixer omhoog wordt gebracht. Spatel met een rubberen spatel de eiwitten voorzichtig door het courgettemengsel.

6. Giet het mengsel in kopjes. Bak gedurende 15 tot 20 minuten of tot de bovenkant lichtbruin is en een mes dat in het midden is gestoken er schoon uitkomt. Haal de kopjes uit de oven. Laat het 2 minuten staan, ga dan met een klein mes langs de binnenkant van de kopjes en keer de kopjes om op een bord.

Zoetzure winterpompoen

Fegato dei Sette Cannoli

De Siciliaanse naam voor deze pompoen is 'lever van zeven kanonnen'. Het Zeven Kanonnendistrict van Palermo, genoemd naar de beroemde fontein en het monument, was ooit zo arm dat de inwoners het zich niet konden veroorloven om vlees te eten. In dit recept hebben ze de pompoen vervangen, die meestal met lever wordt bereid. Je kunt het ook maken met gesneden courgette, wortel of aubergine.

Plan om dit minstens een dag voor het serveren te maken, want zo smaakt het het beste. Het blijft meerdere dagen goed bewaard.

Hoewel Sicilianen meestal pompoen roosteren, bak ik hem liever. Ook geschikt als antipasto.

1 kleine butternut, eikel of andere winterpompoen of pompoen, in plakjes van 1/4 inch gesneden

olijfolie

1/3 kopje rode wijnazijn

1 eetlepel suiker

Zout

2 teentjes knoflook, heel fijn gesneden

1/3 kopje gehakte verse peterselie of munt

1. Spoel de pompoen af en droog hem. Snijd de uiteinden af met een groot, zwaar koksmes. Schil de schil met een dunschiller. Snijd de pompoen doormidden en verwijder de zaden. Snijd de pompoen in plakjes van 1/4 inch dik. Verwarm de oven voor op 400 ° F.

2. Bestrijk de pompoenplakken aan beide kanten rijkelijk met olie. Leg de plakjes in een enkele laag op een bakplaat. Bak gedurende 20 minuten of tot ze zacht zijn. Draai de plakjes om en bak nog eens 15 tot 20 minuten, of tot de pompoen gaar is als je er met een mes in prikt en lichtbruin is.

3. Verwarm ondertussen de azijn, suiker en zout naar smaak in een kleine pan. Roer tot de suiker en het zout oplossen.

4. Schik meerdere pompoenplakken in een enkele laag op een bord of in een ondiepe kom, elkaar enigszins overlappend. Strooi de knoflook en peterselie erover. Herhaal de laagjes totdat je alle pompoen, knoflook en peterselie hebt opgebruikt. Giet het

azijnmengsel over alles. Dek af en zet minimaal 24 uur in de koelkast voordat u het serveert.

Gegrilde groentes

Groen alla Griglia

Maakt 8 porties

Grillen is een van de beste manieren om groenten te bereiden. De grill geeft ze een rokerige smaak en de grillmarkeringen zorgen voor visuele belangstelling. Snijd groenten in dikke plakjes of grote stukken om te voorkomen dat ze door het grillrooster in de vlammen vallen. Als je wilt, kun je ze voor het serveren besprenkelen met olijfolie en azijnsaus.

1 middelgrote aubergine (ongeveer 1 pond), in plakjes van 1/2 inch gesneden

Zout

1 grote rode of Spaanse ui, in plakjes van 1/2 inch gesneden

4 grote portabello-champignons, stengels verwijderd

4 middelgrote tomaten, geschild en kruiselings doormidden gesneden

2 grote rode of gele paprika's, zonder zaadjes en in vieren gesneden

olijfolie

Vers gemalen zwarte peper

6 verse basilicumblaadjes, in stukjes gescheurd

1. Snijd de boven- en onderkant van de aubergine af. Snijd de aubergine kruislings in plakjes van een halve centimeter dik. Bestrooi de plakjes aubergine royaal met zout. Doe de plakjes in een vergiet en laat ze 30 minuten op een bord liggen. Spoel het zout af met koud water en droog de plakjes met keukenpapier.

2. Plaats het grill- of vleeskuikenrek ongeveer 5 centimeter van de warmtebron. Verwarm de grill of grill voor.

3. Bestrijk de groenteplakken met olijfolie en leg ze met de geoliede kant naar de warmtebron. Bak tot ze lichtbruin zijn, ongeveer 5 minuten. Draai de plakjes om en bestrijk ze met olie. Bak tot ze goudbruin en zacht zijn, ongeveer 4 minuten. Bestrooi de groenten met zout en peper.

4. Leg de groenten op een schaal. Druppel er nog wat olijfolie over en bestrooi met basilicum. Serveer warm of op kamertemperatuur.

Gebakken winterwortels

Het groen van al Forno

Maakt 6 porties

Dit is geïnspireerd op de prachtig gebruinde, pittige groenten die in Noord-Italië vaak worden gebruikt voor gebraden vlees. Als de pan niet groot genoeg is om de groenten in één laag te bewaren, gebruik dan twee pannen.

2 middelgrote rapen, geschild en in vieren gesneden

2 middelgrote wortels, geschild en in stukken van 1 inch gesneden

2 middelgrote pastinaken, geschild en in stukken van 1 inch gesneden

2 middelgrote aardappelen, in partjes gesneden

2 middelgrote uien, in vieren gesneden

4 teentjes knoflook, gepeld

⅓ kopje olijfolie

Zout en versgemalen zwarte peper

1. Plaats het rek in het midden van de oven. Verwarm de oven voor op 450 ° F. Combineer gehakte groenten en knoflookteentjes in een grote koekenpan. Groenten mogen slechts één laag hebben. Gebruik indien nodig twee pannen zodat de groenten niet overvol raken. Giet olie over de groenten en breng op smaak met peper en zout.

2. Rooster de groenten ongeveer 1 uur en 10 minuten en draai ze ongeveer elke 15 minuten, tot ze zacht en goudbruin zijn.

3. Breng de groenten over naar een serveerschaal. Heet opdienen.

Zomerse groentestoofpot

Ciambotta

Aanbieding 4-6

Tijdens de zomer bezoek ik meerdere keren per week de lokale boerenmarkt. Ik praat graag met boeren en probeer de vele geweldige producten die ze verkopen. Zonder de markt had ik zeker nooit rode paardenbloem, postelein, lamsvlees en vele andere groenten geprobeerd die niet in de supermarkten te vinden zijn. Helaas koop ik vaak te veel. Dan maak ik ciambotta, een groentestoofpot uit Zuid-Italië.

Deze ciambotta is een klassieker, een combinatie van aubergine, paprika, aardappelen en tomaten. Het smaakt heerlijk als bijgerecht of met geraspte kaas als vleesloos hoofdgerecht. Het kan ook koud gesmeerd op croutons gegeten worden als crostini en warm als broodbeleg met plakjes mozzarella.

1 middelgrote ui

4 pruimtomaatjes

2 aardappelen, geschild

1 middelgrote aubergine

1 middelgrote rode paprika

1 middelgrote gele paprika

Zout en versgemalen zwarte peper

3 eetlepels olijfolie

½ kopje gescheurde verse basilicumblaadjes of vers geraspte Parmigiano-Reggiano of Pecorino Romano kaas (optioneel)

1. Snijd de groenten in stukken van de juiste grootte. Bak de ui in een grote koekenpan in olie op middelhoog vuur tot ze zacht is, ongeveer 5 tot 8 minuten.

2. Voeg tomaten, aardappelen, aubergines en paprika's toe. Voeg zout en peper naar smaak toe. Dek af en kook, af en toe roerend, ongeveer 40 minuten of tot alle groenten gaar zijn en het grootste deel van de vloeistof is verdampt. Als het mengsel te droog wordt, voeg dan een paar eetlepels water toe. Als er te veel vloeistof is, opent u het deksel en kookt u nog eens 5 minuten.

3. Serveer warm of op kamertemperatuur, puur of versierd met basilicum of kaas.

Wijziging: Ei Ciambotta: Zodra de groenten klaar zijn, klop je 4-6 eieren met zout tot ze gecombineerd zijn. Giet eieren over groenten. Niet mengen. Bedek de pan. Kook tot de eieren gestold zijn, ongeveer 3 minuten. Serveer warm of op kamertemperatuur.

Gelaagde Groentestoofpot

Teglia di Verdure

Aanbieding 6-8

Gebruik voor deze ovenschotel een mooie bak- en serveerschaal en serveer de groenten op een bord. Het past goed bij frittata, kip en vele andere gerechten.

1 middelgrote aubergine (ongeveer 1 pond), geschild en in dunne plakjes gesneden

Zout

3 middelgrote aardappelen (ongeveer 1 kg), geschild en in dunne plakjes gesneden

Vers gemalen zwarte peper

2 middelgrote uien

1 rode paprika en 1 groene paprika, zonder zaadjes en in dunne plakjes gesneden

3 middelgrote tomaten, gehakt

6 basilicumblaadjes, in stukjes gescheurd

⅓ kopje olijfolie

1. Schil de aubergine en snij in dunne kruislingse plakjes. Doe de plakjes in een vergiet en bestrooi ze rijkelijk met zout. Plaats het vergiet op een bord en laat het 30-60 minuten uitlekken. Spoel de plakjes aubergine af en droog ze.

2. Plaats het rek in het midden van de oven. Verwarm de oven voor op 375 ° F. Vet een ovenschaal van 13 x 9 x 2 inch royaal in.

3. Leg een laag overlappende aardappelschijfjes op de bodem van de pan. Strooi er zout en peper over. Bestrijk de aardappelen met een laagje aubergine en bestrooi ze met zout. Voeg laagjes uien, paprika en tomaten toe. Strooi er zout en peper over. Basilicum erover strooien. Druppel er olijfolie overheen.

4. Bedek met folie. Bak gedurende 45 minuten. Verwijder voorzichtig de folie. Bak nog eens 30 minuten of tot de groenten gaar zijn en doorboord met een mes. Serveer warm of op kamertemperatuur.

Brood, pizza's, hartige taarten en sandwiches

Buono come il pane, 'zo goed als brood', is een oude Italiaanse manier om iemand of iets heel bijzonders te beschrijven. Het laat ook zien hoe belangrijk brood is. Elke Italiaan weet dat brood het beste is, het beste, en niets is beter dan brood. Of het nu een rozet is, een rond broodje met alleen de korst en een beetje kruimel, of een scatta, een goudkleurig Siciliaans durumtarwebrood gebakken in voorverwarmde ovens met amandelschillen, Italiaanse broden hebben veel karakter en smaak. Elke regio heeft zijn eigen stijl. Brood uit Toscane en Umbrië wordt zonder zout gemaakt, dat is even wennen. Altamura-brood uit Puglia is lichtgoud en praktisch een nationale schat. De inwoners van Rome en de noordelijke regio's betalen een hogere prijs om het te verkrijgen. Romeins brood is zacht van binnen en heeft gaten, knapperig,

Dan zijn er de flatbreads: pizza, focaccia, piadina en alle andere heerlijke variaties. Elke regio heeft zijn favorieten. Napels heeft een reputatie als de geboorteplaats van de moderne pizza, en de Genuezen strijken de eer op voor focaccia. In plaats van kruiden zijn in Zuid-Italië hartige pannenkoeken populair, bestaande uit twee lagen brood- of pizzadeeg, gebakken rond een groente-, vlees- of kaasvulling als tussendoortje of als complete maaltijd.

Onderstaande recepten zijn slechts enkele van de vele mogelijkheden. Weinig Italianen bakken thuis brood, want in elke buurt staat een lokale forno ("oven"), zoals de broodbakkerij heet, waar meerdere keren per dag vers brood wordt gebakken. De broden zijn gemaakt van langzaam rijzend deeg dat complexe smaken en een goede textuur en taaiheid creëert. Omdat ze in ovens op een hogere temperatuur worden gebakken dan in de thuiskeuken, hebben ze een knapperige, knapperige schil.

De recepten in dit hoofdstuk werken goed zonder speciale apparatuur. Als u echter graag gistbrood bakt, moet u investeren in een steen of ongeglazuurde bakplaten. Uitgerust met een deeghaak of keukenmachine met grote capaciteit, mengt de duurzame Power Mixer snel zwaar, plakkerig deeg. De broodbakmachine kan ook worden gebruikt voor het kneden en rijzen van deeg, maar is niet geschikt voor het bakken van dit soort brood.

Ook heb ik recepten toegevoegd voor hartige pannenkoeken met kaas en groenten. Ze zijn lekker als aperitief of bij een salade voor een hele maaltijd.

Broodjes zijn populaire snacks en lichte maaltijden in Italië. De Milanezen hebben de paninoteka uitgevonden, een broodjeszaak waar je elke combinatie van elk soort brood kunt bestellen, al dan niet geroosterd. Paninoteca is vooral populair bij jongeren die komen voor broodjes en bier.

In de rest van het land kun je panino eten van witbrood, focaccia of broodjes. Romeinen zijn dol op de dunne, korstloze Tramezzino-sandwich (in een driehoek gesneden), terwijl in Bologna sandwiches worden gemaakt met rozetten, lokale knapperige broodjes. Als ik terugkom uit Italië, maak ik altijd tijd vrij om te stoppen bij een luchthavencafé voor een broodje prosciutto en rucola "to go" en te genieten op het terugreisvliegtuig.

Zelfgemaakt brood

Thuispaneel

Maakt 2 broden

Dit is een basisbrood in Italiaanse stijl dat lekker knapperig wordt in de oven thuis. Omdat het deeg erg plakkerig is, kun je dit brood het beste in een blender of keukenmachine maken. Laat je niet verleiden om bloem aan het deeg toe te voegen. Om een goed resultaat te bereiken moet het heel vochtig zijn, met grote gaten in het broodkruim en een knapperige korst.

1 theelepel actieve droge gist

2 kopjes lauw water (100° tot 110°F)

4 1/2 kopjes broodmeel

2 theelepels zout

2 eetlepels fijn griesmeel

1. Giet water in een zware kom. Strooi het over de gist. Zet opzij tot de gist romig wordt, ongeveer 2 minuten. Roer totdat de gist is opgelost.

2. Voeg bloem en zout toe. Meng goed totdat er een zacht deeg ontstaat. Het deeg moet erg plakkerig zijn. Klop het deeg tot het glad en elastisch is, ongeveer 5 minuten.

3. Vet de binnenkant van een grote kom in. Giet het deeg in de kom en draai totdat het bedekt is met olie. Dek af met folie en zet op een warme, tochtvrije plaats weg tot het volume verdubbeld is, ongeveer 1,5 uur.

4. Rol het deeg uit en verdeel het in twee delen. Vorm van elk stuk een bal. Strooi het griesmeel op een grote bakplaat. Leg de deegbollen een paar centimeter uit elkaar op de bakplaat. Dek af met folie en zet op een warme, tochtvrije plaats tot het volume verdubbeld is, ongeveer 1 uur.

5. Plaats het rek in het midden van de oven. Verwarm de oven voor op 450 ° F. Snijd met een scheermesje of een zeer scherp mes een X in de bovenkant van elk brood. Leg het deeg op de baksteen. Bak tot de broden goudbruin zijn en hol klinken als je erop tikt, 40 minuten.

6. Plaats de broodjes op roosters om volledig af te koelen. Verpakt in folie bij kamertemperatuur gedurende 24 uur of in de vriezer gedurende een maand bewaren.

kruiden brood

Plaats Erbe onder water

Maakt een brood van 12 inch

In de stad Forlimpopoli in Emilia-Romagna at ik in een restaurant geopend door een jong stel in een 17e-eeuwse villa. Voor de maaltijd brachten ze heerlijk kruidenbrood mee. Toen ik ernaar vroeg, deelde de chef het recept graag en adviseerde mij om 's morgens vroeg naar de tuin te gaan om kruiden te verzamelen die nog vochtig waren van de ochtenddauw. Maar met vers geplukte kruiden uit de supermarkt behaal je toch goede resultaten.

1 pakje (2½ theelepel) actieve droge gist of 2 eetlepels. instant gist

1 kopje lauw water (100° tot 110°F)

2 eetlepels ongezouten boter, gesmolten en afgekoeld

Ongeveer 2½ kopjes ongebleekte bloem voor alle doeleinden

1 eetlepel suiker

1 theelepel zout

1 eetlepel gehakte verse peterselie

1 eetlepel gehakte verse munt

1 eetlepel gehakte verse tijm

1 eetlepel gehakte verse bieslook

1 eierdooier plus 1 eetlepel water

1. Giet water in een grote kom. Strooi het over de gist. Zet opzij tot de gist romig wordt, ongeveer 2 minuten. Roer totdat de gist is opgelost.

2. Voeg de boter en 2 kopjes bloem, suiker en zout toe en meng tot er een zacht deeg ontstaat. Leg het gerezen deeg op een licht met bloem bestoven oppervlak. Bestrooi met kruiden en kneed tot een glad en elastisch deeg, ongeveer 10 minuten. Voeg indien nodig meer bloem toe om een vochtig maar niet plakkerig deeg te verkrijgen. (Of maak het deeg in een krachtige blender, keukenmachine of broodmachine volgens de instructies van de fabrikant.)

3. Vet de binnenkant van een grote kom in. Giet het deeg in de kom en draai het één keer om, zodat het oppervlak bedekt is. Dek af met folie en zet op een warme plaats weg tot het volume verdubbeld is, ongeveer 1 uur.

4. Vet een grote bakplaat in. Leg het deeg op een licht met bloem bestoven oppervlak en druk het plat met je hand om eventuele luchtbellen te verwijderen. Rol het deeg tussen je handen tot een touw van ongeveer 30 cm lang. Giet het deeg op de bakplaat. Dek af met folie en zet opzij tot het volume verdubbeld is, ongeveer 1 uur.

5. Plaats het rek in het midden van de oven. Verwarm de oven voor op 400 ° F. Bestrijk het deeg met eigeelmengsel. Snij met een scheermes of een heel scherp mes 4 lijnen aan de bovenkant. Bak tot het brood goudbruin is en hol klinkt als je erop klopt, ongeveer 30 minuten.

6. Breng het brood over naar een rooster om volledig af te koelen. Verpak het in folie en bewaar het maximaal 24 uur bij kamertemperatuur of maximaal 1 maand in de vriezer.

Kaasbrood in Marche-stijl

Ciaccia

Maakt een rond brood van 9 inch

De regio Marche in Midden-Italië staat misschien niet zo bekend om zijn eten, maar heeft veel te bieden. De kust staat bekend om zijn uitstekende visgerechten, terwijl in het binnenland, met zijn ruige bergen, de keuken stevig is en wild en truffels omvat. De lokale specialiteit is ciauscolo, een zachte worst gemaakt van zeer fijngemalen varkensvlees, gekruid met knoflook en kruiden, die op brood kan worden gesmeerd. Dit smakelijke brood gemaakt van twee verschillende kazen wordt geserveerd als tussendoortje of als aperitief bij een glas wijn. Perfect voor een picknick met hardgekookte eieren, salami en salade.

1 pakje (2½ theelepel) actieve droge gist of 2 eetlepels. instant gist

1 kop warme melk (100-110°F)

2 grote eieren, losgeklopt

2 eetlepels olijfolie

⅓ kopje vers geraspte Pecorino Romano

¼ kopje vers geraspte Parmigiano-Reggiano

Ongeveer 3 kopjes ongebleekte bloem voor alle doeleinden

½ theelepel zout

½ theelepel versgemalen zwarte peper

1. Strooi de gist in een grote kom over de melk. Zet opzij tot de gist romig wordt, ongeveer 2 minuten. Roer totdat de gist is opgelost.

2. Voeg eieren, olie en kaas toe en klop goed. Meng de bloem, het zout en de peper met een houten lepel tot er een zacht deeg ontstaat. Leg het gerezen deeg op een licht met bloem bestoven oppervlak. Kneed tot een glad en elastisch deeg, ongeveer 10 minuten, en voeg indien nodig meer bloem toe om een vochtig maar niet plakkerig deeg te verkrijgen. (Of bereid het deeg in een mixer, keukenmachine of broodmachine volgens de instructies van de fabrikant.) Vorm het deeg tot een bal.

3. Vet de binnenkant van een grote kom in. Doe het deeg in de kom en draai het één keer om, zodat het oppervlak bedekt is. Dek af met plasticfolie en laat 1,5 uur rijzen of tot het volume verdubbeld is.

4. Druk het deeg aan om eventuele luchtbellen te verwijderen. Vorm een bal van het deeg.

5. Vet een springvorm van 9 inch in. Voeg het deeg toe, dek af en laat opnieuw rijzen tot het in volume verdubbeld is, ongeveer 45 minuten.

6. Plaats het rek in het midden van de oven. Verwarm de oven voor op 375 ° F. Bestrijk het oppervlak van het deeg met eigeel. Bak tot ze goudbruin zijn, ongeveer 35 minuten.

7. Laat 10 minuten afkoelen in de pot. Verwijder de zijkanten van de pan en schuif het brood op een rooster om volledig af te koelen. Verpak het in folie en bewaar het maximaal 24 uur bij kamertemperatuur of maximaal 1 maand in de vriezer.

Gouden maïsbroodjes

Panini d'Oro

Voor 8-10 porties

Ronde broodjes met een halve kerstomaat danken hun gouden kleur aan maïsmeel. Het deeg wordt tot balletjes gevormd die, na het bakken, samen één brood vormen. De broodjes kunnen als heel brood worden geserveerd, iedereen scheurt ze zelf. Ze zijn vooral lekker als diner met soep of kaas.

1 pakje (2½ theelepel) actieve droge gist of 2 eetlepels. instant gist

1/2 kopjes heet water (100-110°F)

1/2 kopjes melk

1/4 kopje olijfolie

Ongeveer 2 kopjes ongebleekte bloem voor alle doeleinden

1/ kopje fijne gele maïsmeel

1 theelepel zout

10 kerstomaatjes, gehalveerd

1. Strooi de gist in een grote kom over het water. Zet opzij tot de gist romig wordt, ongeveer 2 minuten. Roer totdat de gist is opgelost. Meng melk en 2 eetlepels olie.

2. Meng de bloem, maizena en zout in een grote kom.

3. Voeg de droge ingrediënten toe aan de vloeistof en meng tot er een pasta ontstaat. Leg het gerezen deeg op een licht met bloem bestoven oppervlak. Kneed tot een glad en elastisch deeg, ongeveer 10 minuten, en voeg indien nodig meer bloem toe om een vochtig, licht plakkerig deeg te verkrijgen. (Of bereid het deeg in een mixer, keukenmachine of broodmachine volgens de instructies van de fabrikant.) Vorm het deeg tot een bal.

4. Vet de binnenkant van een grote kom in. Voeg de pasta toe en draai één keer om het oppervlak te smeren. Dek af met voedselfolie en laat 1 uur en 30 uur rijzen op een warme plaats, uit de buurt van tocht.

5. Vet een taartvorm van 10 inch in. Druk het deeg aan om eventuele luchtbellen te verwijderen. Snijd het deeg in vier delen. Snijd elk kwart in 5 gelijke stukken. Rol elk stuk tot een bal. Leg de stukken op een bord. Knijp de tomaat doormidden, met de snijkant naar beneden, in het midden van elk stuk deeg.

Dek af met plasticfolie en zet 45 minuten op een warme plaats, of tot het volume verdubbeld is.

6. Plaats het rek in het midden van de oven. Verwarm de oven voor op 400 ° F. Besprenkel het deeg met de resterende 2 eetlepels olijfolie. Bak gedurende 30 minuten of tot ze goudbruin zijn.

7. Verwijder de zijkanten van de pot. Leg de broodjes op een rooster om af te koelen. Verpak het in folie en bewaar het maximaal 24 uur bij kamertemperatuur of maximaal 1 maand in de vriezer.

Zwart olijvenbrood

olijf brood

Genoeg voor twee broden van 12 inch

Dit brood bestaat uit zuurdesem, een mengsel van bloem, water en gist. Het zuursel rijst apart en wordt aan het deeg toegevoegd om het brood extra smaak te geven. Plan om minimaal 1 uur of zelfs de dag ervoor te beginnen.

Hoewel ik in dit recept meestal pittige Italiaanse zwarte olijven gebruik, kun je ook groene olijven gebruiken. Of probeer een mix van verschillende soorten olijven. Dit brood is populair in de regio Veneto.

1 pakje (2½ theelepel) actieve droge gist of 2 eetlepels. instant gist

2 kopjes lauw water (100° tot 110°F)

Ongeveer 4 1/2 kopjes ongebleekte bloem voor alle doeleinden

1/2 kopjes volkorenmeel

2 theelepels zout

2 eetlepels olijfolie

½ kopje pittige zwarte olijven, zoals Gaeta, ontpit en grof gesneden

1. Bestrooi de gist in een middelgrote kom met 1 kopje water. Zet opzij tot de gist romig wordt, ongeveer 2 minuten. Roer totdat de gist is opgelost. Meng 1 kopje bloem voor alle doeleinden. Dek af met plasticfolie en zet op een koele plaats weg om te laten borrelen, ongeveer 1 uur of een nacht. (Als het warm is, zet de starter dan in de koelkast. Haal hem er ongeveer een uur uit voordat je het deeg gaat maken.)

2. Meng in een grote kom de resterende 3½ kopjes bloem voor alle doeleinden, volkorenmeel en zout. Voeg de starter, het resterende 1 kopje warm water en de olie toe. Meng met een houten lepel tot er een zacht deeg ontstaat.

3. Leg het deeg op een licht met bloem bestoven oppervlak en kneed het ongeveer 10 minuten tot het glad en elastisch is. Voeg indien nodig meer bloem toe om een vochtig, licht plakkerig deeg te verkrijgen. (Of bereid het deeg in een mixer, keukenmachine of broodmachine volgens de instructies van de fabrikant.) Vorm het deeg tot een bal.

4. Vet de binnenkant van een grote kom in. Voeg het deeg toe en draai het één keer om, zodat het oppervlak bedekt is. Dek af met

folie en zet op een warme plaats weg tot het volume verdubbeld is, ongeveer 1,5 uur.

5. Vet een grote bakplaat in. Maak het deeg plat om eventuele luchtbellen te verwijderen. Kneed de olijven kort. Verdeel het deeg in twee stukken en vorm elk stuk tot een brood van ongeveer 30 cm lang. Plaats de broden een paar centimeter uit elkaar op de voorbereide bakplaten. Dek af met folie en zet opzij tot het volume verdubbeld is, ongeveer 1 uur.

6. Plaats het rek in het midden van de oven. Verwarm de oven voor op 400 ° F. Teken met een scheermesje met één rand of een scherp mes 3 of 4 diagonale lijnen op het oppervlak van elk brood. Bak gedurende 40-45 minuten of tot ze goudbruin zijn.

7. Leg de broden op een rooster om af te koelen. Verpak het in folie en bewaar het maximaal 24 uur bij kamertemperatuur of maximaal 1 maand in de vriezer.

Stromboli-brood

Rotolo di Pane

Maakt twee 10-inch broden

Ik begrijp dat dit brood gevuld met kaas en vlees een Italiaans-Amerikaanse creatie is, misschien geïnspireerd op de Siciliaanse bonata, een brooddeeg dat om een vulling wordt gewikkeld en tot een brood wordt gebakken. Stromboli is een beroemde Siciliaanse vulkaan, dus de naam verwijst waarschijnlijk naar de vulling die uit stoomopeningen stroomt en lijkt op gesmolten lava. Serveer brood als voorgerecht of tussendoortje.

1 theelepel actieve gist of 2 theelepels instantgist

¾ kopje warm water (100° tot 110°F)

Ongeveer 2 kopjes ongebleekte bloem voor alle doeleinden

1 theelepel zout

4 ons geraspte milde provolone of Zwitserse kaas

2 ons dun gesneden salami

4 ons gesneden ham

1 eidooier losgeklopt met 2 eetlepels water

1. Strooi de gist in een grote kom over het water. Zet opzij tot de gist romig wordt, ongeveer 2 minuten. Roer totdat de gist is opgelost.

2. Voeg bloem en zout toe. Meng met een houten lepel tot er een zacht deeg ontstaat. Leg het deeg op een licht met bloem bestoven oppervlak en kneed het ongeveer 10 minuten tot het glad en elastisch is. Voeg indien nodig meer bloem toe om het deeg vochtig maar niet plakkerig te houden. (Of maak het deeg in een krachtige blender, keukenmachine of broodmachine volgens de instructies van de fabrikant.)

3. Vet de binnenkant van een grote kom in. Voeg het deeg toe aan de kom en draai het één keer om, zodat het oppervlak bedekt is. Bedek met plasticfolie. Zet op een warme, tochtvrije plaats en zet opzij tot het in volume verdubbeld is, ongeveer 1,5 uur.

4. Haal het deeg uit de kom en druk het een beetje plat om eventuele luchtbellen te verwijderen. Snijd het deeg doormidden en vorm er twee balletjes van. Leg de balletjes op een met bloem bestoven oppervlak en dek elke kom af. Laat het 1 uur rijzen of tot het in volume verdubbeld is.

5. Plaats het ovenrek in het midden van de oven. Verwarm de oven voor op 400 ° F. Vet een grote bakplaat in.

6. Gebruik een deegroller om het stuk deeg op een licht met bloem bestoven oppervlak plat te maken tot een cirkel van 30 cm. Leg de helft van de plakjes kaas op het deeg. Beleg met de helft van de ham en salami. Rol het deeg op en vul het strak. Knijp de naad samen om deze af te dichten. Leg de rol met de naad naar beneden op een bakplaat. Vouw de uiteinden van het deeg onder de deegroller. Herhaal met andere ingrediënten.

7. Bestrijk de rolletjes met het eigeelmengsel. Snijd met een mes 4 ondiepe plakjes gelijkmatig verdeeld over de bovenkant van de cake. Bak gedurende 30 tot 35 minuten of tot ze goudbruin zijn.

8. Breng het over naar een rooster om iets af te koelen. Serveer warm, in diagonale plakjes gesneden. Verpak het in folie en bewaar het maximaal 24 uur bij kamertemperatuur of maximaal 1 maand in de vriezer.

Pindakaas Brood

Meneer Nociato

Maakt twee ronde broden van 20 cm

Met salami, olijven en een fles rode wijn is dit Umbrische brood een heerlijke maaltijd. Deze versie is droog, maar in Todi, een van de mooiste middeleeuwse stadjes in de regio, heb ik een zoete versie laten maken, gemaakt met rode wijn, kruiden en rozijnen en gebakken in wijnbladeren.

1 pakje (2½ theelepel) actieve droge gist of 2 eetlepels. instant gist

2 kopjes lauw water (100° tot 110°F)

Ongeveer 41⁄2 kopjes ongebleekte bloem voor alle doeleinden

1⁄2 kopjes volkorenmeel

2 theelepels zout

2 eetlepels olijfolie

1 kop geraspte Pecorino Toscano

1 kop gehakte walnoten, geroosterd

1. Bestrooi de gist in een middelgrote kom met 1 kopje water. Zet opzij tot de gist romig wordt, ongeveer 2 minuten. Roer totdat de gist is opgelost.

2. Meng in een grote kom 4 kopjes bloem voor alle doeleinden, volkorenmeel en zout. Voeg het gistmengsel, het resterende 1 kopje warm water en de olie toe. Meng met een houten lepel tot er een zacht deeg ontstaat. Leg het deeg op een licht met bloem bestoven oppervlak en kneed het ongeveer 10 minuten tot het glad en elastisch is. Voeg indien nodig meer bloem toe om een vochtig, licht plakkerig deeg te verkrijgen. (Of maak het deeg in een krachtige blender, keukenmachine of broodmachine volgens de instructies van de fabrikant.)

3. Vet de binnenkant van een grote kom in. Voeg het deeg toe en draai het één keer om, zodat het oppervlak bedekt is. Dek af met folie en zet op een warme plaats weg tot het volume verdubbeld is, ongeveer 1,5 uur.

4. Vet een grote bakplaat in. Maak het deeg plat om eventuele luchtbellen te verwijderen. Strooi de kaas en noten over het oppervlak en kneed om de ingrediënten te verdelen. Verdeel het deeg in twee delen en vorm van elk deel een rond brood. Plaats de broden een paar centimeter uit elkaar op de voorbereide

bakplaten. Dek af met folie en zet opzij tot het volume verdubbeld is, ongeveer 1 uur.

5. Plaats het ovenrek in het midden van de oven. Verwarm de oven voor op 400 ° F. Teken met een scheermesje met één rand of een scherp mes 3 of 4 diagonale lijnen op het oppervlak van elk brood. Bak tot de broden goudbruin zijn en hol klinken als je op de bodem tikt, ongeveer 40 tot 45 minuten.

6. Leg de broden op een rooster om volledig af te koelen. Serveer op kamertemperatuur. Verpak het in folie en bewaar het maximaal 24 uur bij kamertemperatuur of maximaal 1 maand in de vriezer.

Tomaten rolletjes

Panini al Pomodoro

Maakt 8 rollen

De tomatenpuree geeft deze rolletjes een prachtige oranjerode kleur en voegt een vleugje tomatensmaak toe. Ik gebruik graag tomatenpuree met dubbele sterkte, die net als tandpasta in tubes wordt geleverd. Het heeft een lekkere zoete tomatensmaak, en aangezien de meeste recepten slechts een eetlepel of twee van de pasta vereisen, kun je zoveel gebruiken als je nodig hebt en vervolgens de tube afsluiten en in de koelkast bewaren, in tegenstelling tot de pasta.

Hoewel ik niet vaak aan Veneto denk als ik aan tomaten denk, zijn deze broodjes daar populair.

1 pakje (2½ theelepel) actieve droge gist of 2 eetlepels. instant gist

1/2 kop plus 3/4 kop heet water (100-110°F)

1/4 kopje tomatenpuree

2 eetlepels olijfolie

Ongeveer 23/4 kopjes ongebleekte bloem voor alle doeleinden

2 theelepels zout

1 theelepel gedroogde oregano, geplet

1. Bestrooi de gist in een middelgrote kom met een half kopje water. Zet opzij tot de gist romig wordt, ongeveer 2 minuten. Roer totdat de gist is opgelost. Voeg de tomatenpuree en de rest van het water toe en meng tot een gladde massa. Meng olijfolie.

2. Meng bloem, zout en oregano in een grote kom.

3. Giet de vloeistof bij de droge ingrediënten. Meng met een houten lepel tot er een zacht deeg ontstaat. Leg het deeg op een licht met bloem bestoven oppervlak en kneed het ongeveer 10 minuten tot het glad en elastisch is. Voeg indien nodig meer bloem toe om een vochtig, licht plakkerig deeg te verkrijgen. (Of maak het deeg in een krachtige blender, keukenmachine of broodmachine volgens de instructies van de fabrikant.)

4. Vet de binnenkant van een grote kom in. Voeg het deeg toe en draai het één keer om, zodat het oppervlak bedekt is. Dek af met plasticfolie en laat 1,5 uur rijzen of tot het volume verdubbeld is.

5. Vet een grote bakplaat in. Maak het deeg plat om eventuele luchtbellen te verwijderen. Snijd het deeg in 8 gelijke delen. Vorm van elk stuk een bal. Leg de balletjes een paar centimeter

uit elkaar op de bakplaat. Dek af met folie en zet opzij tot het volume verdubbeld is, ongeveer 1 uur.

6.Plaats het rek in het midden van de oven. Verwarm de oven voor op 400 ° F. Bak tot de broodjes goudbruin zijn en hol klinken als je erop tikt, ongeveer 20 minuten.

7.Schuif de broodjes op een rooster om volledig af te koelen en serveer op kamertemperatuur. Verpakt in folie maximaal 24 uur bewaren of 1 maand in de vriezer.

rustieke brioche

rustieke brioche

Maakt 8 porties

Het boterachtige, eierrijke briochedeeg, waarschijnlijk rond de 18e eeuw door Franse chef-koks in Napels geïntroduceerd, is verrijkt met gehakte prosciutto en kaas. Dit smakelijke brood is heerlijk als antipasto of geserveerd met een salade voor of na de maaltijd. Houd er rekening mee dat dit deeg licht wordt aangedrukt en niet wordt gekneed.

½ kopjes warme melk (100-110°F)

1 pakje (2½ theelepel) actieve droge gist of 2 eetlepels. instant gist

4 eetlepels ongezouten boter, op kamertemperatuur

1 eetlepel suiker

1 theelepel zout

2 grote eieren op kamertemperatuur

Ongeveer 2½ kopjes ongebleekte bloem voor alle doeleinden

½ kop geraspte verse mozzarella, dep droog als deze nog vochtig is

⅟ kopje gehakte provolon

⅟ kopje gehakte prosciutto

1. Giet de melk in een kleine kom en bestrooi met gist. Zet opzij tot de gist romig wordt, ongeveer 2 minuten. Roer totdat de gist is opgelost.

2. Klop in een grote blender of keukenmachine de boter, suiker en zout tot een geheel. Sla de eieren. Roer het melkmengsel erdoor met een houten lepel. Voeg bloem toe en klop tot een gladde massa. Het deeg zal plakkerig zijn.

3. Vorm het deeg tot een bal op een licht met bloem bestoven oppervlak. Dek af met een omgekeerde kom en zet 30 minuten opzij.

4. Vet een buis van 10 inch of een bundt-pan in en bebloem deze.

5. Bebloem de deegroller lichtjes. Rol het deeg uit tot een rechthoek van 22 x 8 inch. Strooi de kaas en het vlees over het deeg en laat aan de lange zijden een rand van 2,5 cm vrij. Rol het deeg vanaf de lange rand strak op de deegroller en vorm een cilinder. Knijp de naad samen om deze af te dichten. Leg de rollade met de naad naar beneden op de voorbereide bakplaat. Druk de uiteinden samen om ze af te dichten. Bedek de schaal

met voedselfolie. Laat het deeg op een warme, tochtvrije plaats rijzen tot het in volume verdubbeld is, ongeveer 1,5 uur.

6. Plaats het ovenrek in het midden van de oven. Verwarm de oven voor op 350 ° F. Bak tot de broden goudbruin zijn en hol klinken als je erop tikt, ongeveer 35 minuten.

7. Leg de broden op een rooster om volledig af te koelen. Serveer op kamertemperatuur. Verpak het in folie en bewaar het maximaal 24 uur bij kamertemperatuur of maximaal 1 maand in de vriezer.

Een muziekpapierbrood uit Sardinië

Musica-kaart

Recept voor 8-12 porties

Grote, flinterdunne vellen brood worden op Sardinië "muziekpapier" genoemd omdat brood, net als papier, ooit werd opgerold om het gemakkelijk te kunnen bewaren. Sardijnen snijden de bladeren in kleine stukjes om te eten bij de maaltijd of als tussendoortje met zachte geiten- of schapenkaas, dopen ze in soep of besprenkelen ze over sauzen zoals pasta. Griesmeel is te vinden in veel speciaalzaken of in catalogi zoals de King Arthur Flour Baker's Catalogue (zieBronnen).

Ongeveer ½ kopje bloem voor alle doeleinden of ongebleekt brood

½ kopje fijn griesmeelmeel

1 theelepel zout

1 kopje lauw water

1. Meng bloem voor alle doeleinden of brood in een grote kom, griesmeel en zout. Roer het water er met een houten lepel door tot het mengsel een zacht deeg vormt.

2. Schraap het deeg op een licht met bloem bestoven oppervlak. Kneed het deeg en voeg indien nodig meer bloem toe, tot er een stevig, glad en elastisch deeg ontstaat, ongeveer 5 minuten. Vorm een bal van het deeg. Dek de kom af met de onderkant naar boven en laat 1 uur op kamertemperatuur staan.

3. Plaats het rek in het midden van de oven. Verwarm de oven voor op 450 ° F.

4. Verdeel het deeg in zes delen. Rol het deeg met een deegroller op een licht met bloem bestoven oppervlak uit tot een cirkel van 30 cm, dun genoeg zodat je je hand erdoorheen kunt zien als het deeg tegen het licht wordt gehouden. Rol het deeg op een deegroller om het op te tillen. Giet het deeg op een niet-ingevette bakplaat en strijk de vouwen voorzichtig glad.

5. Bak ongeveer 2 minuten of tot het oppervlak van het brood stevig is. Bescherm één hand met een pannensteun en gebruik de andere hand om het deeg te draaien met een grote metalen spatel. Kook nog ongeveer 2 minuten of tot ze lichtbruin zijn.

6. Breng het brood over naar een rooster om volledig af te koelen. Herhaal met de rest van het deeg.

7. Snijd elk bord in 2 of 4 stukken voor het serveren. Bewaar restjes op een droge plaats in een goed gesloten plastic zak.

Wijziging: Verwarm om te beginnen het brood op een bakplaat in een lage oven gedurende 5 minuten of tot het warm is. Schik de stukken op een bord en besprenkel elke laag met extra vergine olijfolie en grof zout of gehakte verse rozemarijn. Heet opdienen.

Brood met rode ui

Focaccia alle Cipolle Rosso

Voor 8-10 porties

Het deeg voor deze focaccia is erg vochtig en plakkerig, dus het wordt volledig in de kom gemengd zonder te kneden. Meng met de hand met een houten lepel of gebruik een krachtige elektrische mixer, keukenmachine of broodbakmachine. Door de lange, langzame rijzing heeft dit brood een heerlijke smaak en een lichte, cakeachtige textuur. Hoewel de meeste focaccia het lekkerst warm geserveerd worden, is deze vochtig genoeg om zelfs bij kamertemperatuur houdbaar te zijn.

1 envelop (2½ theelepel) actieve droge gist of instantgist

½ kopjes heet water (100-110°F)

½ kopje melk op kamertemperatuur

6 eetlepels olijfolie

Ongeveer 5 kopjes ongebleekte bloem voor alle doeleinden

2 eetlepels gehakte verse rozemarijn

2 theelepels zout

½ dl grof gesneden rode ui

1. Strooi de gist in een middelgrote kom over warm water. Zet opzij tot de gist romig wordt, ongeveer 2 minuten. Roer totdat de gist is opgelost. Voeg melk en 4 eetlepels olie toe en meng tot een gladde massa.

2. Combineer bloem, rozemarijn en zout in een grote blender of keukenmachine. Voeg het gistmengsel toe en meng tot er een zacht deeg ontstaat. Kneed tot een gladde en elastische massa, ongeveer 3 tot 5 minuten. Het deeg zal plakkerig zijn.

3. Olie een grote kom. Giet het deeg in een kom en dek af met plasticfolie. Laat het rijzen op een warme, tochtvrije plaats tot het in volume verdubbeld is, ongeveer 1½ uur.

4. Vet een ovenschaal van 13 x 9 x 2 inch in met olie. Giet het deeg in de pan en verdeel het gelijkmatig. Dek af met plasticfolie en zet 1 uur opzij, of tot het volume verdubbeld is.

5. Plaats het ovenrek in het midden van de oven. Verwarm de oven voor op 450 ° F.

6. Druk uw vingertoppen stevig in het deeg om putjes te maken van ongeveer 2,5 cm uit elkaar en 1,5 cm diep. Besprenkel met de resterende 2 eetlepels olijfolie en strooi over de plakjes ui.

Bestrooi de bovenkant met grof zout. Bak tot ze knapperig en goudbruin zijn, ongeveer 25 tot 30 minuten.

7. Laat de focaccia op een rooster glijden om af te koelen. Snijd in vierkanten. Serveer warm of op kamertemperatuur. Bewaren bij kamertemperatuur, verpakt in folie, gedurende 24 uur.

Witte wijnbrood

Focaccia met wijn

Voor 8-10 porties

Witte wijn geeft dit focaccia-biscuitgebak een unieke smaak. Het wordt meestal bedekt met grote zeezoutkristallen, maar je kunt desgewenst verse salie of rozemarijn vervangen. In Genua wordt het bij elke maaltijd gegeten, inclusief ontbijt, en schoolkinderen kopen een stukje bij de bakker voor het ontbijt. Het deeg voor deze focaccia is erg vochtig en plakkerig, dus je kunt het het beste kneden in een blender of keukenmachine.

Deze focaccia is gemaakt met zuurdesem: een combinatie van gist, bloem en water die veel broden extra smaak en goede textuur geeft. Het voorgerecht kan maximaal 1 uur of maximaal 24 uur vóór het bakken van het brood worden bereid, dus plan dienovereenkomstig.

1 pakje (2½ theelepel) actieve droge gist of 2 eetlepels. instant gist

1 kopje lauw water (100° tot 110°F)

Ongeveer 4 kopjes ongebleekte bloem voor alle doeleinden

2 theelepels zout

½ kopjes droge witte wijn

¼ kopje olijfolie

Voedzaam

3 eetlepels extra vergine olijfolie

1 theelepel grof zeezout

1. Bestrooi de gist eerst met water. Zet opzij tot de gist romig wordt, ongeveer 2 minuten. Roer totdat de gist is opgelost. Klop 1 kopje bloem erdoor tot een gladde massa. Dek af met folie en laat ongeveer 1 uur tot 24 uur op kamertemperatuur staan. (Als het warm is, zet de starter dan in de koelkast. Haal hem er ongeveer een uur uit voordat je het deeg gaat maken.)

2. Combineer 3 kopjes bloem en zout in een krachtige blender of keukenmachine. Voeg starter, wijn en olie toe. Meng het deeg tot het glad en elastisch is, ongeveer 3-5 minuten. Het zal erg plakkerig zijn, maar voeg geen bloem toe.

3. Vet de binnenkant van een grote kom in. Voeg de pasta toe. Dek af met folie en zet op een warme, tochtvrije plaats weg tot het volume verdubbeld is, ongeveer 1,5 uur.

4. Vet een grote bakvorm van 15x10x1 inch of jelly roll-pan in. Maak het deeg plat. Plaats het in de pan, klop erop en rek het uit met je handen, zodat het past. Dek af met folie en zet opzij tot het volume verdubbeld is, ongeveer 1 uur.

5. Plaats het rek in het midden van de oven. Verwarm de oven voor op 425 ° F. Druk het deeg stevig aan met uw vingertoppen om inkepingen van ongeveer 2,5 cm uit elkaar te maken. Giet er 3 eetlepels olie bovenop. Bestrooi met zeezout. Bak gedurende 25 tot 30 minuten of tot ze knapperig en goudbruin zijn.

6. Leg de focaccia op een rooster om iets af te koelen. Snijd in vierkanten of rechthoeken en serveer warm.

Brood met zongedroogde tomaten

Focaccia di Pomodori Secchi

Voor 8-10 porties

Vochtige, gepekelde zongedroogde tomaten zijn perfect voor deze focaccia in welke vorm dan ook. Als je alleen onontdooid zongedroogde tomaten hebt, week ze dan een paar minuten in warm water tot ze zacht zijn.

1 theelepel actieve droge gist

1 kopje lauw water (100° tot 110°F)

Ongeveer 3 kopjes ongebleekte bloem voor alle doeleinden

1 theelepel zout

4 eetlepels extra vergine olijfolie

8-10 gemarineerde zongedroogde tomaten, uitgelekt en in vieren gesneden

Een snufje gemalen gedroogde oregano

1. Strooi de gist over het water. Zet opzij tot de gist romig wordt, ongeveer 2 minuten. Roer totdat de gist is opgelost. Voeg 2 eetlepels olie toe.

2. Meng bloem en zout samen in een grote kom. Voeg het gistmengsel toe en meng met een houten lepel tot er een zacht deeg ontstaat.

3. Leg het gerezen deeg op een licht met bloem bestoven oppervlak. Kneed tot een glad en elastisch deeg, ongeveer 10 minuten, en voeg indien nodig meer bloem toe om een vochtig, licht plakkerig deeg te verkrijgen. (Of bereid het deeg in een mixer, keukenmachine of broodmachine volgens de instructies van de fabrikant.) Vorm het deeg tot een bal.

4. Vet de binnenkant van een grote kom in. Voeg de pasta toe en draai één keer om het oppervlak te smeren. Dek af met folie en zet op een warme, tochtvrije plaats weg tot het volume verdubbeld is, ongeveer 1,5 uur.

5. Vet een grote ronde bakvorm of pizzavorm van 30 cm in. Doe het deeg in de pan. Vet je handen in met olie en druk het deeg plat tot een cirkel van 30 cm. Dek af met plasticfolie en zet opzij tot het in volume is verdubbeld, ongeveer 45 minuten.

6. Plaats het ovenrek in het midden van de oven. Verwarm de oven voor op 450 ° F. Maak met uw vingertoppen inkepingen in het deeg met een tussenruimte van ongeveer 2,5 cm. Druk in elke holte een beetje tomaat. Besprenkel met de resterende 2

eetlepels olijfolie en verdeel met je vingers. Bestrooi met oregano. Bak gedurende 25 minuten of tot ze goudbruin zijn.

7.Schuif de focaccia op een snijplank en snij in vierkanten. Heet opdienen.

Romeins aardappelbrood

Aardappelpizza

Voor 8-10 porties

Hoewel de Romeinen veel pizza eten met typische toppings, is hun eerste liefde pizza bianca, "witte pizza", een lang rechthoekig platbrood dat lijkt op biscuitfocaccia, maar knapperiger en taaier. Pizza Bianca wordt meestal belegd met alleen zout en olijfolie, al is deze variant met dun gesneden krokante aardappelen ook populair.

1 pakje (2½ theelepel) actieve droge gist of 2 eetlepels. instant gist

1 kopje lauw water (100° tot 110°F)

Ongeveer 3 kopjes ongebleekte bloem voor alle doeleinden

1 theelepel zout, plus meer voor de aardappelen

6 eetlepels olijfolie

1 pond geelvlezige aardappelen, zoals Yukon Gold, geschild en in zeer dunne plakjes gesneden

Vers gemalen zwarte peper

1. Strooi de gist over het water. Zet opzij tot de gist romig wordt, ongeveer 2 minuten. Roer totdat de gist is opgelost.

2. Meng in een grote kom 3 kopjes bloem en 1 theelepel zout. Voeg het gistmengsel en 2 eetlepels olie toe. Meng met een houten lepel tot er een zacht deeg ontstaat. Leg het deeg op een licht met bloem bestoven oppervlak en kneed het ongeveer 10 minuten tot het glad en elastisch is. Voeg indien nodig meer bloem toe om het deeg vochtig maar niet plakkerig te houden. (Of maak het deeg in een krachtige blender, keukenmachine of broodmachine volgens de instructies van de fabrikant.)

3. Vet de binnenkant van een grote kom in. Voeg het deeg toe en draai het één keer op het geoliede oppervlak. Bedek met plasticfolie. Laat het rijzen op een warme, tochtvrije plaats tot het in volume verdubbeld is, ongeveer 1½ uur.

4. Vet een pan van 15 x 10 x 1 inch in. Maak het deeg voorzichtig plat en plaats het in de pan. Rek het deeg uit en dep het zodat het in de pan past. Dek af met plasticfolie en zet opzij tot het in volume is verdubbeld, ongeveer 45 minuten.

5. Plaats het rek in het midden van de oven. Verwarm de oven voor op 200 ° F. Doe de aardappelen in een kom met de resterende 4 eetlepels olijfolie en breng op smaak met zout en peper. Leg de

plakjes op de taart en laat ze iets overlappend over elkaar heen liggen.

6. Bak gedurende 30 minuten. Verhoog het vuur tot 450 ° F. Bak nog eens 10 minuten of tot de aardappelen gaar en goudbruin zijn. Schuif de pizza op een plank en snijd hem in vierkanten. Heet opdienen.

Toastbrood uit de regio Emilia-Romagna

Piadyna

Maakt 8 broden

Piadina is een populair rond brood gebakken op een hete plaat of op een steen in de regio Emilia-Romagna. In de zomer verschijnen er op de straathoeken van kustplaatsen aan de Adriatische kust kraampjes met kleurrijke gestreepte stoffen. Tijdens de lunch zijn de afdelingen open voor zakenmensen en geüniformeerde operators die piadina op bestelling op platte bakplaten rollen en koken. Hete piadines, ongeveer twintig centimeter in diameter, worden in tweeën gevouwen en vervolgens gevuld met kaas, gesneden prosciutto, salami of gebakken groenten (bijv. Knoflook-escarole) en gegeten als sandwiches.

Hoewel piadine meestal met reuzel wordt gemaakt, vervang ik het door olijfolie omdat er niet altijd vers reuzel beschikbaar is. Snij de piadine in plakjes voor een antipasti of tussendoortje.

3 1/2 kopjes ongebleekt bloem voor alle doeleinden

1 theelepel zout

1 theelepel bakpoeder

1 kopje lauw water

¼ kopje vers reuzel, gesmolten en gekoeld, of olijfolie

Gekookte groenten, vlees of kaas

1. Meng de bloem, het zout en het bakpoeder in een grote kom. Voeg water en reuzel of olie toe. Meng met een houten lepel tot er een zacht deeg ontstaat. Leg het deeg op een licht met bloem bestoven oppervlak en kneed het tot een glad mengsel. Vorm een bal van het deeg. Dek af met een omgekeerde kom en zet 30 minuten tot 1 uur opzij.

2. Snijd het deeg in 8 gelijke delen. Laat de overige stukken afgedekt liggen en rol een stuk deeg uit tot een cirkel van 20 cm. Herhaal met de rest van het deeg, plaats cirkels met vetvrij papier ertussen.

3. Verwarm de oven voor op 250 ° F. Verhit een grote koekenpan of crêpepan met antiaanbaklaag op middelhoog vuur tot deze erg heet is en een druppel water sist en snel verdwijnt als deze het oppervlak raakt. Plaats de deegcirkel op het oppervlak en bak gedurende 30-60 seconden of totdat de piadina begint te stollen en goudbruin wordt. Draai de cake om en bak nog eens 30 tot 60 seconden, of tot hij aan de andere kant mooi bruin is.

4. Wikkel de piada in folie en houd hem warm in de oven terwijl je op dezelfde manier de rest van de cake bakt.

5. Serveer door groenten of plakjes prosciutto, salami of kaas aan één kant van de piadina te leggen. Vouw de piada over de vulling en eet hem op als een broodje.

broodstengels

grissini

Voor ongeveer zes dozijn broodstengels

Een pastamaker uitgerust met een fettuccinesnijder kan ook lange, dunne broodstengels produceren, broodstengels genoemd. (Ik geef ook instructies als je het deeg met de hand in staafjes wilt of moet snijden.) Varieer met de smaak door gemalen zwarte peper of gedroogde kruiden, zoals gehakte rozemarijn, tijm of oregano, aan het deeg toe te voegen.

1 pakje (2½ theelepel) actieve droge gist of 2 eetlepels. instant gist

1 kopje lauw water (100° tot 110°F)

2 eetlepels extra vergine olijfolie

Ongeveer 2½ kopjes ongebleekte bloem voor alle doeleinden of broodmeel

1 theelepel zout

2 eetlepels gele maïsmeel

1. Strooi de gist in een grote kom over het water. Zet opzij tot de gist romig wordt, ongeveer 2 minuten. Roer totdat de gist is opgelost.

2. Meng olijfolie. Voeg 2½ kopje bloem en zout toe. Meng tot er een zacht deeg ontstaat.

3. Kneed het deeg op een licht met bloem bestoven oppervlak gedurende ongeveer 10 minuten tot het stevig en elastisch is. Voeg indien nodig meer bloem toe om een plakkerig deeg te verkrijgen. (Of maak het deeg in een krachtige blender, keukenmachine of broodmachine volgens de instructies van de fabrikant.)

4. Vet de binnenkant van een grote kom in. Doe het deeg in de kom en draai het één keer om, zodat het oppervlak bedekt is. Dek af met folie en zet op een warme, tochtvrije plaats weg tot het volume verdubbeld is, ongeveer 1,5 uur.

5. Plaats twee roosters in het midden van de oven. Verwarm de oven voor op 350 ° F. Bestrooi twee grote bakplaten met maïsmeel.

6. Kneed het deeg kort om luchtbellen te verwijderen. Verdeel het deeg in 6 delen. Maak een stuk deeg plat tot een ovale vorm van 5 x 4 x 1/4 inch. Strooi er nog wat bloem overheen om te voorkomen dat het gaat plakken. Laat de rest van het deeg afgedekt liggen.

7. Plaats het korte uiteinde van het deeg in de fettuccinesnijder van de pastamachine en snijd het deeg in reepjes van 1/4 inch. Snijd het deeg met de hand en druk het plat op een snijplank met een deegroller. Snijd met een groot mes, gedoopt in bloem, in reepjes van 1/4 inch.

8. Plaats de stroken 1/2 inch uit elkaar op een van de voorbereide bakplaten. Herhaal met de rest van het deeg. Bak gedurende 20 tot 25 minuten of tot ze lichtbruin zijn en draai de pan halverwege het bakken.

9. Laat afkoelen in blikken op roosters. In een luchtdichte verpakking maximaal 1 maand houdbaar.

Venkel ringen

Taralli al Finocchio

Geeft 3 dozijn ringen

Taralli zijn knapperige ringvormige soepstengels. Ze kunnen eenvoudig op smaak worden gebracht met olijfolie of gemalen rode peper, zwarte peper, oregano of andere kruiden, en zijn populair in heel Zuid-Italië. Er zijn ook zoete tartaren die in wijn of koffie kunnen worden gedoopt. Taralls kunnen zo klein zijn als een stuiver of enkele centimeters, maar ze zijn altijd stevig en knapperig. Ik serveer ze graag met wijn en kaas.

1 envelop (2½ eetlepel) actieve droge gist of 2 theelepels instantgist

¼ kopje warm water (100° tot 110°F)

1 kopje ongebleekte bloem voor alle doeleinden

1 kopje griesmeelmeel

1 eetlepel venkelzaad

1 theelepel zout

⅓ kopjes droge witte wijn

¼ kopje olijfolie

1. Strooi de gist over water in een maatbeker. Zet opzij tot de gist romig wordt, ongeveer 2 minuten. Roer totdat de gist is opgelost.

2. Meng de twee bloemsoorten, venkel en zout in een grote kom. Voeg het gistmengsel, de wijn en de olie toe. Meng tot er een zacht deeg ontstaat, ongeveer 2 minuten. Schraap het deeg op een licht met bloem bestoven oppervlak en kneed het tot het glad en elastisch is, ongeveer 10 minuten. Vorm een bal van het deeg.

3. Vet de binnenkant van een grote kom in. Doe het deeg in de kom en draai het één keer om, zodat het oppervlak bedekt is. Dek af en zet opzij op een warme, tochtvrije plaats tot het volume verdubbeld is, ongeveer 1 uur.

4. Verdeel het deeg in drie delen en verdeel elk derde deel doormidden om 6 gelijke delen te maken. Bedek de rest met een omgekeerde kom en snijd één stuk in 6 gelijke stukken. Rol de stukken in stukken van 4 inch. Vorm elk een ring en knijp de uiteinden samen om ze af te dichten. Herhaal met de rest van het deeg.

5. Leg wat pluisvrije keukendoeken neer. Vul een grote pan voor de helft met water. Verwarm het water totdat het kookt. Voeg de deegcirkels met een paar tegelijk toe. (Plaats ze niet te veel.) Kook gedurende 1 minuut of tot de ringen naar de oppervlakte drijven. Verwijder de schijven met een schuimspaan en leg ze op keukenpapier om uit te lekken. Herhaal met de rest van het deeg.

6. Plaats twee roosters in het midden van de oven. Verwarm de oven voor op 350 ° F. Plaats de deegringen met een tussenruimte van 2,5 cm op 2 grote, niet ingevette bakplaten. Bak tot ze goudbruin zijn, ongeveer 45 minuten, en draai de pan halverwege het bakken. Zet de oven uit en open de deur een stukje. Laat de ringen 10 minuten afkoelen in de oven.

7. Breng de ringen over naar een rooster om af te koelen. In een luchtdichte verpakking maximaal 1 maand houdbaar.

Amandel- en zwarte peperringen

Taralli met Mandorla

Maakt 32 ringen

Elke keer dat ik naar Napels ga, is een van mijn eerste stops een bakkerij om een grote zak met deze knapperige broodschijven te kopen. Ze zijn lekkerder dan pretzels of andere snacks en zijn heerlijk als tussendoortje voor of tijdens de maaltijd. De Napolitanen bereiden ze met varkensvlees, waardoor ze een heerlijke smaak krijgen en smelten in de mond, maar ze smaken ook heerlijk met olijfolie. Deze houden goed stand en zijn goed om in uw bedrijf te hebben.

1 envelop (2½ eetlepel) actieve droge gist of 2 theelepels instantgist

1 kopje lauw water (100° tot 110°F)

1/2 kop varkensvlees, ontdooid en gekoeld, of olijfolie

31/2 kopjes ongebleekt bloem voor alle doeleinden

2 theelepels zout

2 theelepels versgemalen zwarte peper

1 kopje amandelen, gehakt

1. Strooi de gist over het water. Zet opzij tot de gist romig wordt, ongeveer 2 minuten. Roer totdat de gist is opgelost.

2. Meng bloem, zout en peper in een grote kom. Roer het gistmengsel en reuzel erdoor. Meng tot er een zacht deeg ontstaat. Leg het deeg op een licht met bloem bestoven oppervlak en kneed het tot het glad en elastisch is, ongeveer 10 minuten. Roer de amandelen erdoor.

3. Vorm een bal van het deeg. Bedek het deeg met een omgekeerde kom en zet het op een warme plaats tot het in volume verdubbeld is, ongeveer 1 uur.

4. Plaats 2 roosters in het midden van de oven. Verwarm de oven voor op 350 ° F. Druk het deeg naar beneden om luchtbellen te verwijderen. Snijd het deeg doormidden, dan elke helft nog een keer doormidden en dan elk kwart doormidden om 8 gelijke stukken te maken. Bedek de rest van het deeg en verdeel 1 stuk in 4 gelijke delen. Rol elk stuk in een touw van 6 inch. Draai elke draad drie keer, vorm er een ring van en knijp de uiteinden stevig vast. Plaats de ringen 2,5 cm uit elkaar op twee niet ingevette bakplaten. Herhaal met de rest van het deeg.

5. Bak de ringen gedurende 1 uur of tot ze bruin en knapperig zijn; draai de pannen halverwege het bakken om. Zet het vuur uit en laat de wielen 1 uur afkoelen en drogen in de oven.

6. Haal het uit de oven en plaats het op een rooster om volledig af te koelen. In een luchtdichte verpakking maximaal 1 maand houdbaar.

Zelfgemaakte pizza

Pizza di Casa

Voor 6-8 porties

Als je een huis in Zuid-Italië bezoekt, wordt je op zo'n pizza getrakteerd. Het is anders dan het ronde deeg in pizzeria-stijl.

Zelfgemaakte pizza is ongeveer 3/4 inch dik als hij in een grote koekenpan wordt gekookt. Wanneer de pan wordt geolied, wordt de bodem knapperig. Het wordt bereid met een lichte hoeveelheid geraspte kaas in plaats van mozzarella, die te taai zou worden als de pizza op kamertemperatuur werd geserveerd, zoals vaak het geval is. Dit type pizza reageert goed op opwarmen.

Probeer deze taart met worst of champignonsaus, en voeg mozzarella of andere smeltende kaas toe als je van plan bent deze direct na het bakken te eten.

Taart

1 envelop (2½ eetlepel) actieve droge gist of 2 theelepels instantgist

1¼ kopjes heet water (100-110°F)

Ongeveer 3 1/2 kopjes ongebleekte bloem voor alle doeleinden

2 theelepels zout

2 eetlepels olijfolie

Voedzaam

1 recept (ongeveer 3 kopjes) pizza saus

½ kopje vers geraspte Pecorino Romano

olijfolie

1. Bereid het deeg voor: Bestrooi de gist met water. Zet opzij tot de gist romig wordt, ongeveer 2 minuten. Roer totdat de gist is opgelost.

2. Meng in een grote kom 3½ kopje bloem en zout. Voeg het gistmengsel en de olijfolie toe. Meng met een houten lepel tot er een zacht deeg ontstaat. Leg het deeg op een licht met bloem bestoven oppervlak en kneed het tot het glad en elastisch is. Voeg indien nodig meer bloem toe om het deeg vochtig maar niet plakkerig te houden, ongeveer 10 minuten. (Of bereid het deeg in een krachtige blender, keukenmachine of broodmachine volgens de instructies van de fabrikant.)

3. Vet een grote kom licht in met olie. Doe het deeg in de kom en draai het één keer om, zodat het oppervlak bedekt is. Bedek met

plasticfolie. Zet op een warme, tochtvrije plaats en zet opzij tot het in volume verdubbeld is, ongeveer 1,5 uur.

4. Plaats het rek in het midden van de oven. Vet een jelly roll-pan van 15 x 10 x 1 inch in. Maak het deeg voorzichtig plat. Leg het deeg in het midden van de pan, rek het uit en tik het goed aan. Dek af met plasticfolie en zet ongeveer 45 minuten opzij totdat het opzwelt en bijna in omvang verdubbelt.

5. Terwijl het deeg in de pan rijst, bereid je de saus. Verwarm de oven voor op 450 ° F. Druk het deeg stevig aan met uw vingertoppen om over het hele oppervlak inkepingen te maken met een tussenruimte van 2,5 cm. Verdeel de saus over het deeg en laat een rand van een halve centimeter rondom het deeg vrij. Bak gedurende 20 minuten.

6. Strooi kaas erover. Besprenkel met olie. Plaats de pizza terug in de oven en bak 5 minuten of tot de kaas gesmolten is en de korst goudbruin is. Snijd in vierkanten en serveer warm of op kamertemperatuur.

Napolitaans pizzadeeg

Genoeg voor vier pizza's van 9 inch

In Napels, waar pizza maken een kunstvorm is, is het ideale pizzadeeg stevig en een beetje knapperig, zacht genoeg om te buigen zonder te breken. Napolitaanse pizza is niet dik en deegachtig, noch dun en knapperig.

Om de juiste balans te krijgen met de meelsoorten die in de Verenigde Staten verkrijgbaar zijn, heb je een zacht cakemeel met een laag glutengehalte en een harder, glutenrijk bloem voor alle doeleinden nodig. Voor een knapperigere korst verhoogt u de hoeveelheid bloem voor alle doeleinden en vermindert u de hoeveelheid cakemeel dienovereenkomstig. Broodmeel, dat veel gluten bevat, zou pizzadeeg te hard maken.

Pizzadeeg kan worden gemengd en gekneed in een elektrische mixer of keukenmachine, of zelfs in een broodmachine. Bak de pannenkoeken rechtstreeks op de steen of op ongeglazuurde aardewerkplaten, verkrijgbaar in de keukenwinkel.

Met dit recept zijn vier pizza's te maken. In Napels heeft iedereen zijn eigen pizza, maar omdat het moeilijk is om meerdere taarten tegelijk in een thuisoven te bakken, snijd ik elke taart in plakjes om te serveren.

1 theelepel actieve droge gist of instantgist

1 kopje lauw water (100-110°F)

1 dl cakemeel (niet zelfrijzend)

Ongeveer 3 kopjes ongebleekte bloem voor alle doeleinden

2 theelepels zout

1. Strooi de gist over het water. Zet opzij tot de gist romig wordt, ongeveer 2 minuten. Roer totdat de gist is opgelost.

2. Combineer zowel de bloem als het zout in een grote kom. Voeg het gistmengsel toe en meng tot er een zacht deeg ontstaat. Leg het deeg op een licht met bloem bestoven oppervlak en kneed het tot het glad en elastisch is. Voeg indien nodig meer bloem toe om het deeg vochtig maar niet plakkerig te houden, ongeveer 10 minuten. (Of maak het deeg in een krachtige blender, keukenmachine of broodmachine volgens de instructies van de fabrikant.)

3. Vorm een bal van het deeg. Leg het op een met bloem bestoven oppervlak en bedek het met een omgekeerde kom. Laat

ongeveer 1 uur en 30 uur rijzen bij kamertemperatuur of tot het volume verdubbeld is.

4. Open het deeg en verwijder eventuele luchtbellen. Snijd het deeg in helften of kwarten, afhankelijk van de grootte van de pizza die je maakt. Vorm van elk stuk een bal. Leg de balletjes een paar centimeter uit elkaar op een met bloem bestoven oppervlak en dek af met keukenpapier of aluminiumfolie. Laat het 1 uur rijzen of tot het in volume verdubbeld is.

5. Bestrooi uw werkoppervlak licht met bloem. Dep en rek het stuk deeg uit tot een cirkel van 9-12 inch van ongeveer 1/4 inch dik. Laat de rand van het deeg iets dikker.

6. Bestrooi een pizzabodem of randloze bakplaat royaal met bloem. Plaats de deegcirkel voorzichtig op de korst. Schud de schil om er zeker van te zijn dat het deeg niet blijft plakken. Als dat zo is, til dan het deeg op en voeg meer bloem toe aan de korst. Het deeg is klaar om gevuld en gebakken te worden volgens uw recept.

Pizza met mozzarella, tomaat en basilicum

Margarita-pizza

Maakt vier 9-inch pizza's of twee 12-inch pizza's

Napolitanen noemen deze klassieke pizza met mozzarella, pure tomatensaus en basilicum Margherita, naar de mooie koningin die in de 19e eeuw van pizza genoot.

1 receptNapolitaans pizzadeeg, bereid in stap 6

2½ kopjesMarinara-saus, bij kamertemperatuur

12 ons dun gesneden verse mozzarella

Vers geraspte Parmigiano-Reggiano, optioneel

Extra vergine olijfolie

8 blaadjes verse basilicum

1. Bereid indien nodig het deeg en de saus. Plaats vervolgens een pizzasteen of ongeglazuurde steengoed- of bakplaat op het laagste niveau van de oven gedurende 30-60 minuten voordat u gaat bakken. Verwarm de oven voor op maximaal 500 ° of 550 ° F.

2. Verdeel een dunne laag saus over het deeg en laat een halve centimeter vrij aan de randen. Leg de mozzarella erop en bestrooi met geraspte kaas, indien gebruikt.

3. Open de oven en haal de cake voorzichtig uit de pan door hem iets naar de achterkant van de steen te kantelen en zachtjes heen en weer te wiegen. Bak de pizza 6-7 minuten of tot de korst knapperig en bruin is.

4. Leg het op een snijplank en besprenkel met een beetje extra vergine olijfolie. Scheur 2 basilicumblaadjes in stukjes en strooi ze over de pizza. Snijd in plakjes en serveer onmiddellijk. Maak op dezelfde manier meer pizza's met andere ingrediënten.

Wijziging: Gebakken pizza belegd met gehakte verse rucola en gesneden prosciutto.

Pizza met tomaten, knoflook en oregano

Pizza Marinara

Maakt vier 9-inch pizza's of twee 12-inch pizza's

Hoewel er in Napels veel verschillende soorten pizza worden gegeten, accepteert de officiële Napolitaanse pizzavereniging slechts twee soorten pizza als authentiek. Pizza met mozzarella, tomaat en basilicum, vernoemd naar de geliefde koningin, is er één, en de andere is pizza marinara, die ondanks zijn naam (marinara betekent "marina") wordt bereid zonder zeevruchten. Als je dit soort pizza in Rome bestelt in plaats van in Napels, is het waarschijnlijk heeft ansjovis om het te laten zien.

Napolitaans pizzadeeg, bereid in stap 6

2½ kopjesMarinara-saus, bij kamertemperatuur

1 blik uitgelekte ansjovis (optioneel)

Gedroogde oregano, gemalen

3 teentjes knoflook, fijngehakt

Extra vergine olijfolie

1. Bereid indien nodig het deeg en de saus. Plaats vervolgens een pizzasteen, ongeglazuurde steengoed of bakplaat op het laagste niveau van de oven op het rooster gedurende 30 tot 60 minuten voordat u gaat bakken. Verwarm de oven voor op maximaal 500 ° of 550 ° F.

2. Verdeel een dunne laag saus over het deeg en laat een halve centimeter vrij aan de randen. Ansjovis erop leggen. Bestrooi met oregano en bestrooi met knoflook.

3. Open de oven en schuif de cake voorzichtig uit de pan door hem naar de achterkant van de steen te kantelen en hem zachtjes heen en weer te wiegen. Bak de pizza 6-7 minuten of tot de korst knapperig en bruin is.

4. Leg het op een snijplank en besprenkel met een beetje extra vergine olijfolie. Snijd in plakjes en serveer onmiddellijk. Maak meer pizza met de overige ingrediënten.

Bestrooi deze pizza voor het bakken met dun gesneden pepperoni en uitgelekte gezouten hete peper.

Pizza Met Wilde Champignons

Pizza Boscaiola

Maakt vier 9-inch pizza's

In Piemonte namen wijnvrienden mij en mijn man mee naar een pizzeria geopend door een Napolitaan. Hij maakte een pizza voor ons met twee lokale ingrediënten: Fontina uit de Ao-vallei, fluweelzachte koeienkaas en verse eekhoorntjesbrood. De kaas smolt prachtig en complementeerde de bossmaak van de champignons. Hoewel verse eekhoorntjesbrood in de Verenigde Staten moeilijk te vinden zijn, is deze pizza toch lekker als hij met andere paddenstoelen wordt bereid.

Napolitaans pizzadeeg, bereid in stap 6

3 eetlepels extra vergine olijfolie

1 teentje knoflook, fijngehakt

1 pond verschillende paddenstoelen, zoals witte champignons, shiitake-paddenstoelen en oesterzwammen (of gebruik gewoon witte champignons), bijgesneden en in plakjes gesneden

½ theelepel gehakte verse tijm of een snufje gemalen gedroogde tijm

Zout en versgemalen zwarte peper

2 eetlepels gehakte verse peterselie

8 ons Fontina Valle d'Aosta, Asiago of mozzarella, in dunne plakjes gesneden

1. Bereid het deeg indien nodig voor. Plaats vervolgens een pizzasteen, ongeglazuurde steengoed of bakplaat op het laagste niveau van de oven op het rooster gedurende 30 tot 60 minuten voordat u gaat bakken. Verwarm de oven voor op maximaal 500 ° of 550 ° F.

2. Verhit de olie en knoflook in een grote koekenpan op middelhoog vuur. Voeg de champignons, de tijm, zout en peper naar smaak toe en kook, onder regelmatig roeren, tot het champignonsap is verdampt en de champignons goudbruin zijn, ongeveer 15 minuten. Roer de peterselie erdoor en haal van het vuur.

3. Verdeel de plakjes kaas over het deeg en laat rondom een rand van 1 inch vrij. Strooi de champignons erover.

4. Open de oven en haal de cake voorzichtig uit de pan door hem richting de steen te kantelen en zachtjes heen en weer te wiegen. Bak de pizza 6-7 minuten of tot de korst knapperig en bruin is. Druppel er een beetje extra vergine olijfolie over.

5. Leg het op een snijplank en besprenkel met een beetje extra vergine olijfolie. Snijd in plakjes en serveer onmiddellijk. Maak meer pizza met de overige ingrediënten.

Calzoni

Maakt 4 calzones

In de straten van Spaccanapoli, het oude gedeelte van Napels, heb je misschien het geluk een straatverkoper te zien die calzones maakt. Het woord betekent 'grote sok', een toepasselijke beschrijving van dit gevulde gebakje. Een calzone maak je door een cirkel pizzadeeg om de vulling te rollen. Straatverkopers bakken ze in grote potten met kokende olie op draagbare kachels. Calzoni wordt meestal gebakken in pizzeria's.

1 pakje (2½ theelepel) actieve droge gist of 2 eetlepels. instant gist

1 1/3 kopjes warm water (100-110°F)

Ongeveer 3 1/2 kopjes ongebleekte bloem voor alle doeleinden

2 theelepels zout

2 eetlepels olijfolie, plus meer voor het borstelen van het oppervlak

Voedzaam

1 kilogram volle melk of halfvolle ricotta

8 ons verse mozzarella, gehakt

4 ons prosciutto, salami of ham, gehakt

½ kopje vers geraspte Parmigiano-Reggiano

1. Strooi de gist in een grote kom over het water. Zet opzij tot de gist romig wordt, ongeveer 2 minuten. Roer totdat de gist is opgelost.

2. Voeg 3 1/2 kopjes bloem, zout en 2 eetlepels olijfolie toe. Meng met een houten lepel tot er een zacht deeg ontstaat. Leg het deeg op een licht met bloem bestoven oppervlak en kneed het, voeg indien nodig meer bloem toe, tot het deeg glad en elastisch is, ongeveer 10 minuten.

3. Vet een grote kom licht in met olie. Doe het deeg in een kom en draai het om op een met olie ingevette ondergrond. Bedek met plasticfolie. Zet op een warme, tochtvrije plaats en zet opzij tot het in volume verdubbeld is, ongeveer 1,5 uur.

4. Kneed het deeg met je vuisten. Snij de taart in 4 delen. Vorm van elk stuk een bal. Leg de balletjes een paar centimeter uit elkaar op een licht met bloem bestoven oppervlak. Dek losjes af met plasticfolie en zet opzij tot het in volume verdubbeld is, ongeveer 1 uur.

5. Meng ondertussen de ingrediënten voor de vulling tot ze goed gemengd zijn.

6. Plaats twee roosters in het midden van de oven. Verwarm de oven voor op 425 ° F. Vet 2 grote bakplaten in.

7. Rol met een deegroller een stuk deeg uit op een licht met bloem bestoven oppervlak tot een cirkel van 9 inch. Plaats een vierde van de vulling op de ene helft van de cirkel en laat een rand van 1/2 inch vrij om af te dichten. Draai het deeg om zodat het de vulling bedekt en druk de lucht eruit. Druk de randen stevig aan om ze af te dichten. Draai vervolgens de rand om en sluit deze. Plaats de calzone op een van de bakplaten. Herhaal met het resterende deeg en de vulling, waarbij u de calzones een paar centimeter uit elkaar plaatst.

8. Snijd een kleine spleet in de bovenkant van elke calzone zodat stoom kan ontsnappen. Smeer het oppervlak met olijfolie.

9. Bak gedurende 35 tot 40 minuten of tot ze knapperig en goudbruin zijn, en draai de pan halverwege het bakken. Schuif op een rooster om 5 minuten af te koelen. Heet opdienen.

Wijziging: Vul de calzoni met een mengsel van ricotta, geitenkaas, knoflook en basilicum, of serveer de calzoni met tomatensaus.

Ansjovis pannenkoekjes

Crispeddi di Alici

Geef mij 12

Deze kleine met ansjovis gevulde broodjes zijn populair in heel Zuid-Italië. Crispeddi is een Calabrische naam; Sicilianen noemen ze fanfarichi of gewoon pasta fritta, "gefrituurd deeg". De Siciliaanse familie van mijn man at het altijd op oudejaarsavond, terwijl andere gezinnen het tijdens de vastentijd aten.

1 pakje (2½ theelepel) actieve droge gist of 2 eetlepels. instant gist

1 1/3 kopjes warm water (100-110°F)

Ongeveer 3 1/2 kopjes ongebleekte bloem voor alle doeleinden

2 theelepels zout

1 blik (2 ons) platte ansjovisfilets, uitgelekt en gedroogd

Ongeveer 4 ons mozzarella, in reepjes van 1/2 inch gesneden

Plantaardige olie om te frituren

1. Strooi de gist over het water. Zet opzij tot de gist romig wordt, ongeveer 2 minuten. Roer totdat de gist is opgelost.

2. Meng in een grote kom 3½ kopje bloem en zout. Voeg het gistmengsel toe en meng tot er een zacht deeg ontstaat. Leg het deeg op een licht met bloem bestoven oppervlak en kneed het, voeg indien nodig meer bloem toe, tot het deeg glad en elastisch is, ongeveer 10 minuten.

3. Olie een grote kom. Doe het deeg in de kom en draai het één keer om, zodat het oppervlak bedekt is. Bedek met plasticfolie. Zet op een warme plaats, uit de buurt van tocht, en zet opzij tot het in volume verdubbeld is, ongeveer 1 uur.

4. Maak het deeg plat om eventuele luchtbellen te verwijderen. Snijd het deeg in 12 stukken. Leg 1 stuk op een licht met bloem bestoven oppervlak en bedek de overige stukken.

5. Rol het deeg uit tot een cirkel met een diameter van ongeveer 5 centimeter. Leg een stukje ansjovis en een stukje mozzarella in het midden van de cirkel. Til de randen van het deeg op en druk ze samen rond de vulling, waardoor een zakachtige punt ontstaat. Maak de punt plat en verwijder de lucht. Druk de naad stevig aan. Herhaal met andere ingrediënten.

6. Bekleed de bodem met papieren handdoeken. Giet voldoende olie tot een diepte van 1/2 inch in een grote, zware koekenpan. Verhit de olie op middelhoog vuur. Voeg meerdere rollen

tegelijk toe, met de naad naar beneden. Bak de broodjes goudbruin en maak ze plat met een spatel, ongeveer 2 minuten aan elke kant. Laat uitlekken op keukenpapier. Bestrooi met zout.

7. Bak de overige broodjes op dezelfde manier. Laat iets afkoelen voordat u het serveert.

Opmerking:Wees voorzichtig als je ze bijt; de binnenkant blijft erg heet terwijl de buitenkant afkoelt.

Verkoop van tomaten en kaas

Panzerotti Pugliese

Hij legde 16 ronden af

Kleine pannenkoekjes vergelijkbaar met de ansjovispannenkoekjes hierboven zijn de specialiteit van Dora Marzovilla uit Puglia. Hij maakt ze dagelijks klaar voor het familierestaurant I Trulli in New York. Ze kunnen worden bereid met of zonder ansjovis.

1 recept voor donutcake (zAnsjovis pannenkoekjes)

3 pruimtomaatjes, zonder zaadjes en in stukjes gesneden

Zout

4 ons verse mozzarella, in 16 stukken gesneden

Plantaardige olie om te frituren

1. Bereid het deeg voor. Snijd vervolgens de tomaten doormidden en pers het sap en de zaden eruit. Snij de tomaten en breng op smaak met peper en zout.

2. Snijd het deeg in vier delen. Snijd elk kwart in 4 stukken. Bedek het resterende deeg en rol een stuk in een cirkel van 10 cm. Leg

1 theelepel tomaten en een stukje mozzarella aan één kant van de cirkel. Vouw de andere helft van het deeg over de vulling in de vorm van een halve maan. Druk lucht aan en druk de randen tegen elkaar om af te dichten. Druk de randen stevig vast met een vork.

3. Bekleed de bodem met papieren handdoeken. Verhit in een zware pan of friteuse minimaal 2,5 cm olie tot 375 ° F op een frituurthermometer of tot een stuk brood van 2,5 cm per minuut bruin wordt. Plaats de torens voorzichtig met een paar tegelijk in de hete olie. Laat voldoende ruimte ertussen zodat ze elkaar niet raken. Draai één of twee keer en bak tot ze goudbruin zijn, ongeveer 2 minuten aan elke kant.

4. Leg de rollen op keukenpapier om uit te lekken. Bestrooi met zout. Heet opdienen.

Opmerking: Wees voorzichtig als je ze bijt; de binnenkant blijft erg heet terwijl de buitenkant afkoelt.

paascake

Pizza Rustica of Pizza Chiene

Maakt 12 porties

De meeste Zuid-Italianen bakken voor Pasen een versie van deze zeer rijke en smaakvolle cake. Sommige taarten zijn gemaakt van gistdeeg en andere zijn gemaakt van zoet cakedeeg. Aan de vulling worden vaak hardgekookte eieren toegevoegd en elke kok heeft zijn of haar favoriete combinatie van kazen en vleeswaren. Zo maakte mijn oma paastaart.

Pizza Rustica is ook bekend als pizza chiene (uitgesproken als "pizza gheen"), een dialectische vorm van pizza ripiene, wat "gevuld" of "gevuld" deeg betekent. Het wordt meestal gegeten tijdens een picknick op Paasmaandag, wanneer gezinnen de komst van de lente willen vieren. Omdat het zo rijk is, kom je met een klein beetje al een heel eind.

Schelp

4 kopjes ongebleekte bloem voor alle doeleinden

1½ theelepel zout

½ kopje vast plantaardig vet

½ kop (1 stokje) ongezouten boter, gekoeld en in stukjes gesneden

2 grote eieren, losgeklopt

3-4 eetlepels ijswater

Voedzaam

8 ons milde Italiaanse worst, omhulsels verwijderd

3 grote eieren, lichtgeklopt

1 kopje vers geraspte Parmigiano-Reggiano of Pecorino Romano-kaas

2 pond hele of gedeeltelijk ontvette ricotta, een nacht uitgelekt (zie kaderGiet de ricotta af)

8 ons verse mozzarella, in kleine blokjes gesneden

4 ons prosciutto, in kleine blokjes gesneden

4 ons gekookte ham, in kleine blokjes gesneden

4 ons sopressata, in kleine blokjes gesneden

glazuur

1 ei, lichtgeklopt

1. Bereid de basis voor: Meng bloem en zout in een kom. Snijd het paneermeel door het mengsel en strijk het met een handmixer of vork uit tot het mengsel op grote kruimels lijkt. Voeg de eieren toe en mix tot er een zacht deeg ontstaat. Neem een deel van het mengsel met je hand en knijp snel tot het gemengd is. Herhaal met het resterende deeg totdat de ingrediënten samenkomen en een gladde bal vormen. Als het mengsel te droog en kruimelig lijkt, voeg dan een beetje ijswater toe. Verzamel het deeg in twee schijven, de ene drie keer zo groot als de andere. Wikkel elk bord in plasticfolie. Zet een nacht in de koelkast.

2. Om de vulling te maken, kookt u het worstvlees in een kleine koekenpan op middelhoog vuur, af en toe roerend, tot het niet meer roze is, ongeveer 10 minuten. Haal het vlees eruit met een schuimspaan. Snijd het vlees op een plank.

3. Meng de eieren en Parmezaanse kaas in een grote kom tot ze goed gemengd zijn. Meng met ricotta, worstvlees, mozzarella en vleesblokjes.

4. Plaats het ovenrek in het onderste derde deel van de oven. Verwarm de oven voor op 375 ° F. Rol met een met bloem bestoven deegroller een groot stuk deeg uit op een licht met bloem bestoven oppervlak om een cirkel van 14 inch te creëren. Rol het deeg uit op een deegroller. Breng het deeg over in een

springvorm van 9 inch en druk het gelijkmatig in de bodem en zijkanten van de pan. Giet de vulling in de pan.

5. Rol het resterende stuk deeg uit tot een cirkel van 9 inch. Snijd het deeg met een gecanneleerde deegroller in 1/2-inch dikke reepjes. Plaats de helft van de reepjes met een tussenruimte van 2,5 cm bovenop de vulling. Draai de pan een kwartslag en leg de overige stroken erop, zodat er een rasterpatroon ontstaat. Knijp de randen van de bovenste en onderste cakelagen samen om ze af te dichten. Verdeel het eierglazuur over de taart.

6. Bak de taart gedurende 1 tot 1¼ uur of tot de korst goudbruin is en de vulling gepoft is. Laat de cake in de vorm op een rooster gedurende 10 minuten afkoelen. Verwijder de zijkanten van de pan en laat volledig afkoelen. Serveer warm of op kamertemperatuur. Sluit goed af en bewaar maximaal 3 dagen in de koelkast.

www.ingramcontent.com/pod-product-compliance
Lightning Source LLC
Chambersburg PA
CBHW071909110526
44591CB00011B/1613